AF483972

ANTONIO SILVA ARANGUREN
Profesor de Derecho Administrativo en la Universidad
Central de Venezuela

LOS ACTOS ADMINISTRATIVOS COMPLEJOS

Edición al cuidado de
Carlos Antonio Agurto Gonzáles
Sonia Lidia Quequejana Mamani
Benigno Choque Cuenca

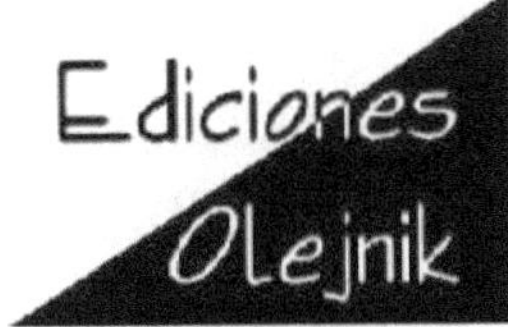

Título: Los Actos Administrativos Complejos.

© Antonio Silva Aranguren.
© Ediciones Olejnik
Huérfanos 611, Santiago-Chile
E-mail: contacto@edicionesolejnik.com
Web site: http://www.edicionesolejnik.com

ISBN: 978-956-392-942-3

Diseño de carátula: Ena Zuñiga

Diagramación: Hayden Méndez. hayden.mendezq@gmail.com

La edición de Ed. Olejnik fue impresa en Argentina (2021)

La reimpresión en coedición entre Ediciones Olejnik y Editorial6 Jurídica Venezolana fue impresa por Lightning Source, an Ingram Company, para Editorial Jurídica International Inc., 2021

ÍNDICE

INTRODUCCIÓN

1. No puede negarse que el Derecho Administrativo ha construido buena parte de su teoría sobre conceptos inacabados e imprecisos, sobre los cuales no existe, en algunos casos, el más mínimo consenso. Ejemplo de ello son las nociones de servicio público, interés general, utilidad pública, contrato administrativo, acto de gobierno y acto administrativo. La última de las nombradas es particularmente interesante, pues esta rama del Derecho —tanto en sus aspectos sustantivos como procesales— suele girar a su alrededor, aunque ha sido de difícil definición a pesar de ser muy trabajada por doctrina y jurisprudencia. A su vez, la imprecisa noción de acto administrativo ha sido clasificada en atención a variados criterios, apareciendo muchísimas categorías, entre las que se ubica la figura de los actos complejos, a los que dedicaremos este trabajo.

La idea de referirnos a ellos surge de la revisión de nuestra jurisprudencia, en especial la referida a la acción de nulidad. Al analizarla con la intención de precisar el alcance que se le da a la noción de actos administrativos como objeto de esa acción, encontramos una relativa utilización de la expresión "acto complejo", aunque concediéndole en muchas ocasiones sentidos distintos. Pudimos hallar así varios casos en los que se entendió que ciertas actuaciones de la Administración —normalmente unilaterales, pero incluso bilaterales— podían ser consideradas como actos complejos, respondiendo a diferentes criterios, lo que nos invitó a acudir a la doctrina nacional y extranjera sobre el tema a fin de determinar la validez de las diversas calificaciones formuladas por la jurisprudencia. Al realizar tal estudio, comprobamos como nuestros autores han dedicado muy poca atención escrita sobre el particular y como recurren también a dispares criterios, no necesariamente coincidentes con los empleados por los tribunales.

La constatación de la referida variación para definir una figura poco estudiada en Venezuela, pero que parecía tener utilidad práctica o al menos justificación teórica pues se acude a ella ocasionalmente, nos condujo a continuar la búsqueda de los fundamentos de la calificación de los actos administrativos complejos, por lo que recurrimos al resto de las fuentes de estudio de interés: la doctrina emanada de órganos administrativos, específicamente de los órganos consultivos de la Administración y de la Procuraduría y Contraloría General de la República, en la que también observamos muchas formas distintas de conceptualización. Inspirados, entonces, en la utilización jurisprudencial de la noción para explicar supuestos de muy variada clase y en los escasos estudios sobre el tema por parte de nuestros especialistas, realizamos una investigación sobre el particular, que resultó muy interesante, y presentamos este trabajo en el que exponemos sus resultados. Particularmente, resumiremos aquí el sentido que creemos que tiene el concepto de actos complejos y lo compararemos con el concedido entre nosotros.

2. Para realizar una definición debe determinarse el género de lo que se pretende definir y las diferencias que puedan distinguirlo de aquél y de las figuras que, con otras características, también se enmarcan en él. Por ello, debemos referirnos desde ya a tales género y diferencias. En nuestro criterio, el acto complejo surge de la clasificación de los actos administrativos según el número de órganos que los dictan. Con base en tal concepción, estos pueden ser calificados como simples o compuestos. Los simples emanan de un solo órgano, el cual puede ser individual, si consiste en una sola persona física, o colegiado, si es integrado por varias personas que siguiendo un régimen de constitución, deliberación y sanción, reúnen sus voluntades para convertirlas en la del órgano que forman.

Por su parte, los compuestos surgen de la voluntad de varios órganos de la Administración, que pueden ser también individuales o colegiados. No son el resultado o suma de voluntades manifestadas en momentos diferentes, sino la conjunción de declaraciones simultáneas. Ahora bien, la intervención pluriorgánica en la emisión de un acto puede obedecer a la persecución de un efecto distinto y la consecución última de una finalidad diversa o a la producción de un mismo efecto y obtención de igual fin. En el primer caso los órganos usualmente se reúnen por deseo propio para mancomunadamente dictar un acto. En el segundo actúan a la vez porque comparten una competencia que no puede ser ejercida separadamente. Ello obliga a distinguir dos clases de actos compuestos: aquéllos en los que las voluntades reunidas producen diversos efectos y persiguen distintos fines, y aquéllos en que son idénticos tanto los efectos como la finalidad por la que se dictan. A los primeros los calificamos como colectivos y a los segundos como complejos.

Como se observará, en la determinación de las notas características del acto complejo a través de la búsqueda de sus géneros mayor y próximo y las diferencias con los actos con que los comparten, encontramos que la relación es la siguiente: su género mayor es el acto administrativo —obviamente hay otros aún más globales, como acto jurídico y estatal, pero que por su lejanía no nos interesan—; el próximo es el acto compuesto —que se opone al simple—; y presenta diferencias específicas —identidad de objeto y de fin— que lo distinguen de la otra especie del mismo género próximo, que es el acto colectivo. En fin, el complejo y el colectivo son actos administrativos pluriorgánicos.

Determinada así la relación entre el acto complejo y sus similares, y aclarado que se trata de un acto administrativo —por tanto, unilateral— emanado de varios órganos, debe advertirse sin embargo que no basta con distinguirlo de las nociones de actos compuestos y colectivos —que también son pluriorgánicos—, sino que, en virtud de disímiles posiciones doctrinarias o jurisprudenciales que reseñaremos, resulta obligatorio diferenciarlo de la figura de los actos colegiales (aunque estos sean monorgánicos o simples), de los contratos entre entes estatales de carácter público (a pesar de ser bilaterales) y del procedimiento administrativo (aunque no sea una noción sustantiva sino adjetiva, consistente en una secuencia de actuaciones para producir un acto). Pese a que los primeros no son pluriorgánicos, los segundos no son unilaterales y el tercero no es un acto administrativo, en su momento notaremos la justificación que existe para hacer tales comparaciones.

3. El presente trabajo lo hemos dividido en cinco partes. La primera la dedicamos al estudio de la noción de acto administrativo complejo. La segunda se destina a su distinción con las figuras que hemos mencionado en esta introducción: actos compuestos, actos colectivos, contratos entre entes estatales de carácter público, actos colegiales y procedimiento administrativo. Por último, desde la tercera hasta la quinta parte, revisaremos el tratamiento que ha tenido la expresión en la doctrina y jurisprudencia venezolanas (III y IV), así como en la doctrina emanada de los órganos consultivos de la Administración Pública y de la Procuraduría y Contraloría General de la República (V)[*].

Antonio Silva Aranguren

---

[*] En notas de pie de página se encuentran las siguientes abreviaturas: ADP: Archivo de Derecho Público y Ciencias de la Administración (Instituto de Derecho Público, Universidad Central de Venezuela, Caracas); CEC: Centro de Estudios Constitucionales; CGR: Contraloría General de la República; DPGR: Doctrina de la Procuraduría General de la República (Fundación Procuraduría General de la República, Caracas); EJV: Editorial Jurídica Venezolana; FPGR: Fundación Procuraduría General de la República; GF: Gaceta Forense (Corte Suprema de Justicia, Caracas); G.O.: Gaceta Oficial de la República de Venezuela; PGR: Procuraduría General de la República; RAP: Revista de Administración Pública (Centro de Estudios Constitucionales, Madrid); RCA-DF: Revista del Colegio de Abogados del Distrito Federal (Caracas); RDP: Revista de Derecho Público (Editorial Jurídica Venezolana, Caracas); REVL: Revista de Estudios de la Vida Local (Instituto de Estudios de la Administración Local, Madrid); RFCJP: Revista de la Facultad de Ciencias Jurídicas y Políticas (Universidad Central de Venezuela, Caracas); RFD-UCAB: Revista de la Facultad de Derecho (Universidad Católica Andrés Bello, Caracas); RFD-UCV: Revista de la Facultad de Derecho (Universidad Central de Venezuela, Caracas); RMJ: Revista del Ministerio de Justicia (Ministerio de Justicia, Caracas); UCV: Universidad Central de Venezuela.

I

LA DETERMINACIÓN DE LA NOCIÓN DE ACTO ADMINISTRATIVO COMPLEJO

La calificación de acto complejo surgió, dentro de las distintas categorías de actos administrativos que fueron creándose en la doctrina, por oposición al simple. Su origen se ubica entre los autores alemanes de fines del siglo pasado y comienzos del presente, aunque su desarrollo es obra de los italianos[1], quienes la impulsaron a otros países que la fueron recibiendo en forma progresiva[2]. Casi desde su inicio la noción ha sido problemática, hasta el punto que *Forti* ha señalado que "ha hecho más mal que bien, siendo superiores, sobre todo en la práctica, (...) los errores que de ella han derivado a las ventajas obtenidas"[3]. No obstante, esa afirmación es exagerada y sí son detectables consecuencias de interés en su determinación, particularmente en lo referido a los vicios en la voluntad para producir el acto[4]. Quienes dudan de la necesidad de su estudio no creen, en

---

1   Sobre ese origen, ver, ante todo, BORSI, *Studi di Diritto Pubblico,* Vol. Primero, Cedam, Casa Editrice Dott, Antonio Milani, Padua, 1976; y ENTRENA CUESTA, "El acto administrativo complejo en la esfera de la vida local", en: *REVL,* N.º 95, 1957, pp. 656-663. En nuestro país es DE STEFANO el único que señala su origen (*Los Actos Administrativos,* inédito, p. 19). Sobre la importancia de los autores italianos en el desarrollo de la noción, ver: SAYAGUES LASO (*Tratado de Derecho Administrativo,* T. I, Ed. Martín Bianchi Altuna, Montevideo, 1963, p. 394, nota 1) y JIMÉNEZ LUNA ("Procedimiento y acto complejo en los colegios representativos (En torno a la teoría de la colegialidad)", en: *RAP,* N.º 98, 1982, p. 127). GARRIDO FALLA afirma, obviando la participación de los autores alemanes, que la distinción entre actos simples y complejos apareció a fines del siglo XIX, en el seno de la doctrina italiana (*Tratado de Derecho Administrativo,* Vol. I, 7.º ed., CEC, Madrid, 1980, p. 473).

2   La doctrina francesa, en cambio, no ha dedicado esfuerzos al estudio de esta categoría y al parecer le es totalmente ajena; por ello, no se encuentra referencia a la figura del acto complejo en su literatura jurídica.

3   FORTI (*Lezioni di Diritto Amministrativo,* parte general, II, Nápoles, 1950, p. 92), citado por GARRIDO FALLA (*ob. cit,* Vol. I, p. 473, nota 19) y ENTRENA CUESTA (*ob. cit,* p. 657).

4   Así, solo como ejemplo, SAYAGUES LASO se refiere a la "positiva trascendencia" que tiene la clasificación de los actos en simples y complejos, a lo que agrega MARIENHOFF que tal distinción es "fundamental". El primero se refiere específicamente a la determinación de "las consecuencias de las irregularidades durante el procedimiento de formación de la voluntad administrativa, en la revocación de los actos complejos y

cambio, que exista ninguna consecuencia de relevancia[5], aunque una lectura atenta de los autores que discuten la figura nos permite observar que más que negar su importancia, lo que hacen es criticar el abuso que de esta se ha realizado[6]. Son, ante todo, objeciones al uso indiscriminado del término, a fin de explicar asuntos que pudieran ser perfectamente analizados con otros fundamentos[7].

En todo caso, aun haciendo abstracción de su validez actual y de la justificación de su origen, no podemos dejar pasar —como indicamos en las palabras introductorias— que el término ha sido empleado ocasionalmente por nuestra jurisprudencia, así como por la doctrina e importantes órganos administrativos. Por ello, entre nosotros no puede ser despreciado su estudio, que es precisamente lo que iniciamos ahora. Dividimos esta primera parte en tres secciones, con el fin de precisar la noción objeto del trabajo. Para determinar sus géneros mayor y próximo, hemos dedicado la primera sección a la calificación del acto complejo como acto administrativo (género mayor) de carácter pluriorgánico (género próximo). En la segunda revisaremos las notas características que creemos que son necesarias para su existencia. En la última veremos algunas subclases de actos complejos.

---

recursos procedentes, etc." *(ob. cit,* T. I, p. 396). El segundo hace alusión a los vicios en la voluntad de los órganos que intervienen *(Tratado de Derecho Administrativo,* 2.º ed., T. II, Ed. Abeledo Perrot, Buenos Aires, 1975, pp. 406-407). En igual sentido, ENTRENA CUESTA *(ob. cit,* p. 663) y TIVARONI *(Teoria degli atti amministrativi,* G. Giappichelli Ed., Turín, 1939, p. 41). Algunas consecuencias prácticas de la determinación de la complejidad de ciertos actos, puede verse también en: BIELSA, *Derecho Administrativo,* 6.º ed., T. II, La Ley Sociedad Anónima Editora e Impresora, Buenos Aires, 1980. pp. 35 y 170. Ahora bien, debe tenerse cuidado con algunas afirmaciones sobre la importancia de la determinación de los actos complejos, puesto que en muchos casos se parte de concepciones tan amplias que las consecuencias que se deducen son exageradas. Por ejemplo, TIVARONI parte de la concepción de que los actos preparatorios y la decisión final configuran un acto complejo, aunque a los particulares no les interese sino el definitivo *(loc. cit),* por lo que los vicios procedimentales los concibe como derivación de la teoría de la complejidad, que es un asunto que detallaremos en su oportunidad.

5   FRAGOLA escribe que de la figura de los actos complejos "la doctrina se ocupó ampliamente en el pasado", aunque "con resultados pocos apreciables" *(Gli atti amministrativi,* Unione Tipográfica Editrice Torinese, Turín, p. 19).

6   Como Forti, DE STEFANO señala que la distinción ha ocasionado muchos problemas al Derecho Administrativo *(ob. cit,* p. 19). Sin embargo, lo que hace es manifestar su desacuerdo con la forma como se ha tratado la figura del acto complejo.

7   ENTRENA CUESTA estima que "parece como si el término complejo se interpretase como calificativo de complicado y hubiese servido por ello para encuadrar a todos aquellos supuestos de difícil calificación". GARRIDO FALLA afirma que el acto complejo es una figura "nada corriente" *(ob. cit.,* Vol. I, p. 473).

1. El acto complejo como acto administrativo pluriorgánico:

El término complejo pudiera ser empleado para referirse a distintas clases de actos jurídicos, tanto estatales como particulares[8]. Sin embargo, tomado principalmente por estudiosos del Derecho Administrativo, se ha ido reservando para calificar determinados actos administrativos y en particular aquéllos de carácter pluriorgánico. De esta manera, es fundamental dejar sentada la noción de acto administrativo que constituye el género mayor del acto complejo[9]. Una definición la encontramos en la Ley Orgánica de Procedimientos Administrativos[10], aunque duramente criticada por ciertos autores[11] y defendida por otros[12]. En cualquier caso, en nuestro país doctrina y jurisprudencia han obviado en buena medida el concepto legal y no existe uniformidad sobre el alcance que debe dársele a la expresión, oscilando entre concepciones meramente orgánicas[13], otras de

---

8   ENTRENA CUESTA comenta que "el instituto ha sido admitido tanto en el Derecho público como en el Derecho privado" (*ob. cit*, p. 657).

9   Ello sin perjuicio de que en ciertos casos doctrinales y jurisprudenciales encontremos referencias a actos complejos de naturaleza no administrativa. Por ejemplo, en doctrina veremos *infra* (III.4) que JEZE estima que un acto jurídico cualquiera puede ser complejo, si se producen efectos distintos para las personas que participen en su emisión, como serían los contratos de compra-venta y préstamo (JEZE, *Principios Generales del Derecho Administrativo*, T. I, *La técnica jurídica del Derecho Público francés*, trad. de la 3.º ed. francesa —1925—, Ed. Depalma, Buenos Aires, 1948, pp. 65-68).

10   Según su artículo 7 es "toda declaración de carácter general o particular emitida de acuerdo con las formalidades y requisitos establecidos en la ley, por los órganos de la Administración Pública".

11   Por ejemplo, Allan BREWER-CARIAS la considera inútil, incompleta y errada (Ver su obra *El Derecho Administrativo y la Ley Orgánica de Procedimientos Administrativos*, EJV, Caracas, 1990, pp. 137-141).

12   Es el caso de Luis Henrique FARIAS MATA, "El procedimiento administrativo en Venezuela", en: *ADP*, Vol. VII, *Derecho Público en Venezuela y Colombia*, 1986, p. 288.

13   Conforme el criterio orgánico, son actos administrativos los dictados por órganos de la rama ejecutiva del poder público, con independencia de su contenido o de la función que ejerza el emisor. Ver: ANDUEZA, José Guillermo, "Actos recurribles por inconstitucionalidad en la Ley Orgánica de la Corte Suprema de Justicia", en: *El control jurisdiccional de los poderes públicos en Venezuela*, UCV, Caracas, 1979, pp. 58-ss; y "El control de la constitucionalidad y el contencioso-administrativo", en: *Contencioso Administrativo en Venezuela*, 2.º ed., EJV, Caracas, 1989, pp. 76-77; FARIAS MATA, "La doctrina de los actos excluidos en la jurisprudencia del Supremo Tribunal", en: *ADP*, Vol. I, 1968-1969, p. 335 y "Procedimiento para la fijación de cánones de arrendamiento en el derecho venezolano", en: *Studia Jurídica*, N.º 3, UCV, Caracas, 1973, pp. 423-ss.; LAPES MARTÍNEZ, Eloy, *Manual de Derecho Administrativo*, 7.º ed., UCV, Caracas, 1988, p. 142; y RONDÓN DE SANSO, Hildegard, "Introducción al estudio del acto administrativo", en: *libro Homenaje a la memoria de Roberto Goldschmidt*, UCV, Caracas, 1967, p. 786.

carácter funcional[14], algunas de consideraciones formales[15] e incluso mixtas[16].

Por nuestra parte, nos inclinamos por asumir un criterio mixto que toma en consideración dos aspectos: la función en cuyo ejercicio se produce el acto y sus destinatarios. En tal sentido podemos afirmar que sería acto administrativo aquél dictado por órganos estatales en ejercicio de la función administrativa y dirigidos a afectar directamente la esfera jurídica de personas determinadas. Con lo anterior, todos los órganos que ejercen el poder público pueden emitir actos calificables como tales, siempre y cuando deriven de la función administrativa y sean de carácter individual, es decir, concretos. De acuerdo con esto, un acto administrativo complejo debería ser una declaración particular emitida por un órgano estatal en ejercicio de esa función, pues serían esas las notas que definen el género mayor al que pertenece. No obstante, como la mencionada ley califica a las declaraciones de carácter general de la Administración Pública como actos administrativos y como así lo acepta la generalidad de la doctrina, entre los actos complejos ubicaremos tanto a los individuales como a los de contenido normativo.

Debemos referirnos ahora a su género próximo, la noción de acto compuesto, que surge de la clasificación de los actos administrativos

---

14   Según este criterio, son solo actos administrativos los emitidos en ejercicio de la función administrativa y no de ninguna de las otras que pueden cumplir los órganos que ejercen el poder público. Así, cualquier órgano estatal podría dictar un acto administrativo si la función ejercida es administrativa y los actos del Poder Ejecutivo —la normalmente denominada Administración Pública— podrían serlo o no, pues ellos se emiten en distintas funciones. Este criterio fue sostenido por BREWER-CARIAS, aunque posteriormente lo varió. Ver sus trabajos: *Las Instituciones Fundamentales del Derecho Administrativo y la Jurisprudencia Venezolana*, UCV, Caracas, 1964, p. 117 y *Derecho Administrativo*, T. I, UCV, Caracas, 1975, pp. 373-ss.

15   El acto administrativo se define a través de un criterio formal al concebírsele como el dictado en ejecución de la ley, es decir, como una manifestación sub-legal de órganos del poder público, y distinta a la función judicial. Sobre el particular, puede consultarse: ANDUEZA, José Guillermo, "La jurisdicción constitucional", en: *El nuevo Derecho Constitucional venezolano*, Universidad del Zulia, Maracaibo, 1991, pp. 321-ss.

16   Es lo que hace BREWER-CARIAS, para quien deben ser mezclados los criterios material, orgánico y formal (Ver sus trabajos "El problema de la definición del acto administrativo", en: *Libro Homenaje al Doctor Eloy Lares Martínez*, T. I, UCV, Caracas, 1984, pp. 25-78; y "La Ley Orgánica de Procedimientos Administrativos y el contencioso administrativo", en: *ADP*, Vol. IV, *El Procedimiento Administrativo*, 1983, pp. 179-254). También ANDUEZA recurre a criterios mixtos, pero solo empleando el orgánico y el formal (*"La jurisdicción constitucional"*, cit, pp. 321-ss.). Nuestra jurisprudencia se ha pronunciado también por los distintos criterios, aunque en la actualidad adopta uno mixto, combinando aspectos materiales con orgánicos y formales. Sobre la evolución jurisprudencial en este aspecto —y sus vaivenes— pueden consultarse los trabajos de BREWER-CARIAS citados en esta nota, así como su obra *Nuevas tendencias del contencioso-administrativo*, EJV, Caracas, 1993.

según el número de sus emisores[17]. Conforme tal criterio hemos identificado la existencia de actos monorgánicos o simples y actos pluriorgánicos o compuestos.

Dentro de los últimos ubicamos a los colectivos y complejos. Debe reconocerse, en todo caso, que una ojeada a la literatura jurídica y algunas clasificaciones de actos administrativos según idéntica concepción, nos muestra el empleo de distintos nombres por parte de

---

17   En ocasiones se hace mención a criterios distintos de clasificación. Por ejemplo, TIVARONI basa la distinción en la autonomía de los sujetos que intervienen en el acto, existiendo para él actos simples, complejos, colectivos y acuerdos (*ob. cit*, p. 40). Con base en un criterio radicalmente distinto, Libardo RODRÍGUEZ ubica a los simples y complejos en la clasificación de los actos administrativos "desde el punto de vista del procedimiento" o "de acuerdo con las diferentes actuaciones requeridas para la elaboración del acto". Para él son simples "aquellos que requieren una sola actuación jurídica para su expedición", como el nombramiento de un ministro y son complejos los "que requieren varias actuaciones jurídicas para su expedición, como aquellos que están sujetos a autorización previa, aprobación posterior, concepto de otros organismos o autoridades, o que requieren varias aprobaciones". Da como ejemplo de acto complejo "una ordenanza de una asamblea, la cual requiere aprobación en varios debates". Por otra parte, clasifica los actos administrativos "desde el punto de vista de las voluntades que intervienen en su elaboración" en unilaterales, bilaterales y plurilaterales. Los unilaterales serían producto de la voluntad exclusiva de la administración y entiende que son los "actos típicos de la administración y del derecho administrativo". Los bilaterales son los que resultan de un acuerdo de voluntades entre la administración y los particulares o entre varias personas de la administración. Los plurilaterales requerirían el consentimiento de más de dos personas, "como los expedidos por cuerpos colegiados como las asambleas y los consejos" (Ver: *Derecho Administrativo (General y Colombiano)*, 6.º ed., Ed. Temis, Bogotá, 1990, pp. 203-204). De seguirse esta concepción, casi todos los actos administrativos serían complejos, al derivar de un procedimiento.

reconocidos autores: italianos[18], españoles[19], argentinos[20], uruguayos[21], mexicanos[22], colombianos[23], entre algunos de los que consultamos[24]. Por los momentos, bastará con señalar el aspecto fundamental de la clasificación que hemos expuesto: existen actos que emanan de un solo órgano —por lo que no dudamos en llamarlos monorgánicos— y otros que emanan de varios, que serían, por ende, pluriorgánicos. Tomando en cuenta esta distinción esencial, en primer lugar ubicamos al acto simple, que sería aquél que se perfecciona con la

---

18   Aldo SANDULLI los clasifica en simples y compuestos, divididos los últimos en complejos, continuados, contratos y compuestos en sentido estricto (*Manuale di Diritto Amministrativo*, reimp. de la 10.º ed., Casa Editrice Dott. Eugenio Jovene, Nápoles, 1971, pp. 384-386). Pietro GASPARRI los divide en monopersonales y pluripersonales (Corso *di Diritto Amministrativo*, Vol. II, Cedam, Casa Editrice Dott. Antonio Milani, Padua, 1964). Umberto FRAGOLA se refiere a actos simples, colegiales, complejos y colectivos (*ob. cit*, pp. 19-20).

19   BOQUERA OLIVER expone la existencia de actos simples y compuestos, dividiendo los últimos en colegiales y complejos (*Estudios sobre el acto administrativo*, 7.º ed., Ed. Civitas, Madrid, 1993, pp. 186 a 188). Eduardo GARCÍA DE ENTERRÍA y Tomás Ramón FERNÁNDEZ se refieren a actos colegiales y monocráticos, "según el carácter de los órganos de quienes procedan" (*Curso de Derecho Administrativo*, I, reimp. de la 5.º ed., Ed. Civitas, Madrid, 1991, p. 557). Fernando GARRIDO FALLA los divide en simples y complejos, por una parte, y unilaterales y plurilaterales, por otra (*ob. cit.*, Vol. I, pp. 473-478). Sabino ÁLVAREZ-GENDIN se refiere solo a actos simples y complejos (*Tratado General de Derecho Administrativo*, T. I, Bosch Casa Editorial, Barcelona, 1958, pp. 322-323). José Antonio GARCIA-TREVIJANO FOS los clasifica en actos simples y actos necesitados de colaboración de otros órganos o poderes públicos, colocando entre los últimos a los compuestos, complejos, continuados, colectivos, contratos entre entes públicos y actos de control (*Los Actos Administrativos*, 2.º ed., Ed. Civitas, Madrid, 1986, pp. 228-231).

20   Miguel MARIENHOFF escribe sobre tres clases de actos: simples, complejos y colectivos (*ob. cit*, T. II, pp. 403-ss.). Héctor Jorge ESCOLA recurre solo a dos: simples y complejos (*Compendio de Derecho Administrativo*, Vol. I, Ed. Depalma, Buenos Aires, 1990, pp. 545-ss.).

21   Enrique SAYAGUES LASO se refiere a actos simples y complejos (*ob. cit*, T. I, pp. 393-396).

22   Andrés SERRA ROJAS menciona los unilaterales o simples, los bilaterales y los plurilaterales, pudiendo ser estos últimos complejos, colegiales, actos unión, contratos y actos colectivos (*Derecho Administrativo*, T. Primero, Ed. Porrúa, México, 1988, pp. 238-239). Gabino FRAGA se refiere a actos simples, colegiales, complejos o colectivos, actos unión y contratos (*Derecho Administrativo*, 30.º ed., Ed. Porrúa, México, 1991, pp. 233-234). Jorge OLIVERA TORO los clasifica en actos unilaterales y plurilaterales y los últimos en colectivos, complejos y actos unión (*Manual de Derecho Administrativo*, 5.º ed., Ed, Porrúa, México, 1988, pp. 185-ss.). Se observa cierta similitud entre los autores mexicanos.

23   Diego YOUNES MORENO enumera los actos unilaterales, bilaterales, plurilaterales, simples y complejos (*Curso Elemental de Derecho Administrativo*, 2.º ed., Ed. Temis, Bogotá, 1988, pp. 101 y ss.). Gustavo PENAGOS únicamente habla de actos simples y complejos (*El Acto Administrativo*, 4.º ed., T. I, Ed. Librería del Profesional, Bogotá, 1987, pp. 288-ss.).

24   Por ejemplo, el cubano Héctor GARCINI GUERRA los clasifica en actos singulares o de ejecución (productos de la actuación de un órgano administrativo que por sí solo tiene la competencia para que sus manifestaciones de voluntad produzcan efectos jurídicos) y actos plurales o de deliberación y acuerdo (aquellos que emanan de la Administración deliberante) (Ver: *Derecho Administrativo*, s.e., s.f., pp. 103-104).

declaración final de un solo órgano de la Administración Ese órgano puede estar constituido por una persona natural o —lo que es un supuesto frecuente— por varias, caso en el que los actos que dicte son denominados colegiales. Por el otro lado, se encuentran los que emanan de varios órganos, los cuales pueden ser subclasificados de acuerdo con las características que presenten, surgiendo así las categorías de acto compuesto, colectivo y complejo, a los que nos referiremos luego con más detalle[25].

2. *LAS NOTAS CARACTERÍSTICAS DEL ACTO ADMINISTRATIVO COMPLEJO:*

Para algunos autores el acto complejo es opuesto al denominado simple, considerándose que es de esta última clase "cuando la declaración de la voluntad administrativa emana de un solo órgano" y es de la primera cuando esa misma declaración "requiere para su formulación la intervención de dos o más órganos"[26]. Encontraríamos así el primero de sus elementos caracterizadores y que logra distinguirlo del simple: el número de órganos del que emana[27]. No obstante, resulta insuficiente, toda vez que muchos actos administrativos pueden ser dictados por varios órganos y no todos corresponden a la expresión acto complejo, por lo que es necesario determinar sus otras notas. Para esa precisión no citaremos las muchas definiciones que proporcionan los distintos autores que se han ocupado del tema, pues ello no nos sería de ninguna utilidad y por el contrario conduciría a confundir su individualización, ya que en muchos casos difieren solo en aspectos intrascendentes. En cambio, intentaremos obtener las notas esenciales del concepto, a través de la comparación de las definiciones aportadas, en todo aquello que tengan en común.

Podemos sostener que un acto administrativo complejo es aquél dictado simultáneamente por dos o más órganos con miras a producir un mismo efecto y orientados por una misma finalidad. Así, de diversas definiciones doctrinales que hemos pretendido resumir en la anterior expresión, podemos extraer las siguientes notas características: a) debe tratarse de un solo acto; b) en su emisión participan dos o más órganos simultáneamente; c) el acto debe tener un contenido único para los intervinientes; y d) sus autores deben estar guiados por una misma finalidad. Revisemos cada una:

---

25   Ver *infra* (II. 1).

26   SAYAGUES LASO, *ob. cit*, T. I, p. 394. En ese mismo sentido, ver: VIDAL PERDOMO, Jaime, *Derecho Administrativo*, 9.° ed., Ed. Temis, Bogotá, 1987, p. 394.

27   Para JIMÉNEZ LUNA, es ésa su nota principal (*ob. cit*, pp. 127-ss.).

2.1. *Debe tratarse de un solo acto:*

Cuando nos referimos a un acto administrativo complejo, estamos hablando de un único acto —sea de trámite o final[28]— y no de un conjunto o suma de varios. No consiste en la conjunción de actos sucesivos ni simultáneos de distinta naturaleza, sino que debe tratarse de declaraciones de varios órganos para emitir una sola decisión. Creemos que ello es evidente por la propia terminología empleada: un acto no es una reunión de varios, aunque sí sea el producto de dos o más declaraciones o el resultado de varias actuaciones. Así, un acto de trámite es una sola actuación —aunque procedimental— como también lo es un acto final, el cual deriva usualmente de un procedimiento y le preceden varios actos de trámite. Asimismo —no tenía por qué ser diferente la situación— lo es el acto complejo, que nunca es un conjunto, pues la adición de actos será, en todo caso, un proceso. Sin embargo, tan sencilla afirmación es comúnmente contrariada por nuestra jurisprudencia y doctrina administrativa, que ven actos complejos en la suma de diferentes actuaciones públicas, con independencia de las características de la decisión adoptada[29]; concepción que puede observarse también en autores extranjeros, tanto en caso de actos administrativos[30] como en actuaciones particulares[31].

---

28 Sobre actos de trámite de carácter complejo, ver: ENTRENA CUESTA, *Curso de Derecho Administrativo*, 5.º ed., Ed. Tecnos, Madrid. 1976, pp. 492-493.

29 Por ejemplo, veremos la concepción como conjunto unitario que hace ANDUEZA en el caso de los contratos de interés nacional y sus leyes aprobatorias *(infra, III.4)*, al igual como lo hizo la Corte Suprema de Justicia *(infra, IV.1.1)*. Además, la Procuraduría General de la República ha sostenido expresamente que un acto complejo es "una conjunción de actos", como también veremos (V.2).

30 *Infra* veremos la tesis de la complejidad de un acto como producto de la existencia de varios que se encuentran vinculados, como es el caso de las aprobaciones (ver I.2.2, I.2.3, I.2.4 y II.4).

31 Por ejemplo, la autora española Concepción ESCOBAR analiza el recurso por omisión existente en las Comunidades Europeas y del que conoce el Tribunal de Justicia de Luxemburgo —en el cual se exige que el accionante acuda previamente a la institución que ha permanecido en inactividad— y plantea que en ciertos casos el tribunal se ha encontrado con dificultades para apreciar la instancia dirigida, por haberse enviado varias comunicaciones y debían analizarse conjuntamente para desprender las pretensiones del solicitante. Ahora, para justificar la aceptación de esas diversas comunicaciones invoca la autora la tesis del acto complejo y señala que el tribunal y los abogados generales — quienes dictaminan en los procesos— también lo han hecho. Para ella, la determinación de la vinculación de las comunicaciones es fundamental, a fin de determinar si se trata de "una pluralidad" o de "un acto complejo", lo que —afirma— apareja "consecuencias (...) sobre el posterior desarrollo del procedimiento, particularmente en lo referido al inicio del plazo para recurrir judicialmente" (es decir, desde cual comunicación contarlo). En concreto se pronuncia la autora por entenderlas como un solo acto. Señala que, en ciertos casos, dicho tribunal ha estudiado las comunicaciones y las "toma en consideración de modo conjunto (...) hasta el punto de concebirlos como un acto complejo". Aunque las instancias del interesado a la institución no son actos administrativos, observamos que no

No es tampoco "complejo", el calificativo que corresponde al producto de un procedimiento, lo que nos conduce a realizar una observación esencial: el que un acto —además de ser lo normal— se produzca al fin de un proceso en el que deban ser emitidos algunos preliminares, no lo convierte en complejo. En esta forma, el resultado de actos consecutivos no genera una clase especial de actos. El procedimiento administrativo no es más que un conjunto de actuaciones para dictar un acto determinado, el cual podrá ser simple o complejo, pero no en atención a derivar de aquél, sino en virtud de características propias, lo cual no ha sido, sin embargo, criterio de nuestros tribunales[32]. En fin, el acto complejo no es un conjunto de declaraciones simultáneas ni es un conjunto de actos ni es el resultado de actos sucesivos; es la suma de voluntades simultáneas de varios órganos en una sola decisión.

La presente nota nos permite entender el sentido de la característica que comentaremos a continuación: debe haber participación simultánea de cada uno de los órganos intervinientes, ya que de no haberla estaríamos, necesariamente, ante la presencia de dos actos distintos y sucesivos, que no se mezclan posteriormente; quizás se complementen, pero no se unen para formar un solo acto[33].

2.2. *Debe ser dictado simultáneamente por varios órganos:*

La participación de varios órganos es, sin lugar a dudas, la nota característica en la que casi todos los autores coinciden[34]. Para hablar de actos complejos —así como de colectivos o compuestos— debemos estar en presencia de dos o más órganos. Únicamente los simples

---

es infrecuente considerar a los actos vinculados como un complejo unitario (ESCOBAR, *El recurso por omisión ante el Tribunal de Justicia de las Comunidades Europeas*, Ed. Civitas, Madrid, 1993, pp. 31-37). En ese trabajo se mencionan los casos en los que se basan sus observaciones, aunque en la revisión que hicimos de ellos, comprobamos que realmente el referido tribunal no ha hecho la calificación a la que ella alude, sino que ha tomado las comunicaciones enviadas como un todo a los efectos de la determinación de las pretensiones del actor, lo que no tiene nada de sorprendente porque es evidente que en todas pueden hallarse aquéllas. Por ello, parece ser una calificación propia de la autora, derivada de las conclusiones a las que arribaron los fallos que cita.

32   Ver *infra* (IV.3).

33   Estimamos que el error de la doctrina y jurisprudencia nacionales radica precisamente en pretender que dos actos o más, al estar vinculados, se transforman en uno complejo (*infra*, III y IV). Si recordamos la opinión de Libardo RODRÍGUEZ notaremos también la asimilación de los actos complejos a la sucesión de actos; tanto que él los ubica como surgidos de un criterio de clasificación basado en aspectos procedimentales.

34   Contrariamente, más adelante veremos que nuestra Corte Suprema de Justicia ha entendido que un acto puede ser complejo aunque emane de un solo órgano, siempre y cuando su decisión tenga un contenido múltiple (*infra*, IV.5) o pueda ser considerado como de efectos generales y particulares a la vez (*infra*, IV. 6).

emanarían de uno solo. Incluso quienes piensan que los actos colegiales son complejos lo que toman en cuenta es el régimen de integración y funcionamiento de los colegios como organizaciones pluripersonales. Ahora bien, en nuestro criterio para que surja un acto complejo no es suficiente esa nota pluriorgánica, ya que para la emisión de un acto es normal que intervengan diversos órganos en algún momento, siendo la intervención de uno solo lo excepcional. Basta recordar que la actividad estatal se encuentra procedimentalizada en casi todas sus manifestaciones[35], lo que implica no solo el que se prevea una serie de pasos, más o menos rigurosos, para que pueda dictarse un acto, sino también el que actúen varias personas, generalmente como medidas de control[36]. Esta participación puede ser simultánea o sucesiva. A su vez, esta última puede ser también de dos maneras: antes de que otro emita un acto, como es el típico caso de las autorizaciones, o después de que el acto se haya dictado, como es el supuesto de las aprobaciones, tan frecuentes unas y otras en la mayoría de los ordenamientos jurídicos[37]. Sobre el momento de la intervención para la emanación de los actos administrativos complejos no existe uniformidad y se plantean tres posiciones distintas: necesidad de que sean declaraciones simultáneas; necesidad de que sean sucesivas; o indiferencia ante ello, pudiendo ser de ambas formas. Sin embargo, nos limitaremos a la primera y a la última, ya que la segunda quedaría tratada implícitamente[38].

En primer lugar, *Sayagués Laso* sostiene que "lo característico del acto complejo es que la declaración de voluntad administrativa se forma mediante la intervención conjunta o sucesiva de dos o más órganos, cuyas respectivas manifestaciones de voluntad pasan a

---

35   Ver PÉREZ LUCIANI, Gonzalo, "El sistema contencioso administrativo y el procedimiento administrativo", en: *Contencioso Administrativo en Venezuela*, 2.º ed., EJV, Caracas, 1988, p. 42.

36   Sobre el tema de la actividad administrativa y sus diversas formas puede consultarse, entre nuestros autores: PÉREZ LUCIANI, *ob. cit.*, pp. 37-61; y RONDÓN DE SANSO, *Teoría General de la Actividad Administrativa (Organización. Actos Internos)*, EJV-UCV, Caracas, 1981.

37   En un procedimiento administrativo puede también concebirse la participación sucesiva de un mismo órgano. SANDULLI explica la existencia de actos dictados en ejercicio de una misma función por un mismo agente, a los que denomina continuados, y serían manifestaciones de voluntad en distintos momentos pero con un mismo propósito. Comenta que en ellos "las diversas determinaciones, que se funden, vienen a producirse (...) en momentos sucesivos, por un único agente". Señala como ejemplo un supuesto del ordenamiento italiano, según el cual las invitaciones a disolver reuniones en lugares públicos o abiertos al público se ordena con tres distintas intimaciones formales (ver su *Manuale...*, *cit.*, p. 385).

38   La segunda posición es, además, extrañísima en la doctrina. Un brevísimo resumen de las distintas posiciones puede verse en: RODRÍGUEZ, Gustavo Humberto, *Derecho Administrativo. Teoría General. Compendio*, T. II, Ed. Liberia del Profesional, Bogotá, pp. 286-287. Este autor es, precisamente, uno de los que se inclinan por la segunda.

integrar aquélla"[39] y nos proporciona ejemplos de ambos supuestos: el de las resoluciones adoptadas en Consejo de Ministros y el de los actos sujetos a aprobación, respectivamente[40]. No obstante, admite que no es de aceptación unánime considerar que la participación sea tanto conjunta como sucesiva, puesto que es discutido que los actos sometidos a aprobación sean complejos o si más bien se trata de actos simples "sujetos a una condición suspensiva de eficacia". El afirma, en todo caso, que la "primera opinión parece más exacta, porque el acto y la aprobación forman conjuntamente la voluntad administrativa final"[41]. En cambio, *Garrido Falla* sostiene que un acto para que sea complejo debe contar con la intervención de los distintos órganos en un mismo momento, por lo que de esa categoría excluye a los procedimientos y a los actos sujetos a aprobación "por un organismo superior"[42]. Sin embargo, en los últimos casos cree que "la cuestión (...) es más dudosa", pero reconoce que la doctrina mayoritaria entiende "que el acto aprobatorio y el acto aprobado constituyen dos resoluciones independientes, si bien la primera actúa como condición de eficacia de la segunda"[43].

Nosotros nos pronunciamos a favor de la simultaneidad, pues partimos de la idea de que para estar en presencia de un acto de

---

39   SAYAGUES LASO, *ob. cit,* T. I, p. 394. En igual sentido, ver: VIDAL, *ob. cit.,* p. 394.

40   Así, escribe SAYAGUES LASO: "En las resoluciones del Poder Ejecutivo la actuación de ambos órganos —Consejo y Ministro— es conjunta; en cambio, en los actos sujetos a aprobación, los órganos respectivos intervienen sucesivamente" *(ob. cit.,* T. I, p. 394, nota 4).

41   SAYAGUES LASO, *ob. cit,* T. I, p. 395. También calificando a una suma de actos sucesivos como complejos, por cuanto con ellos se forma la voluntad administrativa, BOQUERA OLIVER se refiere al caso de la emisión de dictámenes vinculantes. Comenta que en "muchas ocasiones, la voluntad de uno de los órganos que debe concurrir a la formación del acto complejo se califica de dictamen vinculante y se formaliza como tal", pero tal dictamen "es, en su esencia, una declaración de voluntad y no un parecer o juicio", por lo que al sumarse a "la voluntad de otro órgano, que aparenta ser el decisor, nace un acto complejo". Para BOQUERA OLIVER también algunas autorizaciones "son declaraciones de voluntad que, al unirse a la voluntad de quien decide después de recibir la autorización, dan nacimiento a un acto compuesto complejo" *(ob. cit.,* p. 187).

42   Así, GARRIDO FALLA, al analizar la posibilidad de que los actos que integran un procedimiento administrativo conformen un acto complejo, comenta que tal clase de actos "requiere que la intervención de los distintos órganos (...) lo sea precisamente en el momento de la resolución, de tal modo que (...) de esta (y no de los trámites que la prepararon) aparezcan como responsables" *(ob. cit,* Vol. I, p. 475).

43   GARRIDO FALLA agrega que tal conclusión parece desprenderse del derecho positivo español *(ob. cit,* Vol. 1, p. 475). En nuestro país, idéntica posición mantienen LARES MARTÍNEZ y PÉREZ LUCIANI, cuyas opiniones tendremos oportunidad de detallar más adelante, al comentar la doctrina y jurisprudencia venezolanas *(infra,* III.1, III.2 y IV.1.1). ENTRENA CUESTA se refiere también al caso de las autorizaciones y llega a la misma conclusión que la de GARRIDO en el caso de las aprobaciones, afirmando expresamente que no debe admitirse la tesis según la cual todos esos actos integran una sola voluntad junto con el acto sujeto a control *(ob. cit,* pp. 665-669).

carácter complejo debemos estar ante un único acto y no varios. El conjunto de actos sucesivos, aunque se le considerase como la expresión total de la voluntad de la Administración, no puede ser visto como tal. Nos encontraremos, en todo caso, ante procedimientos que exigen la participación sucesiva de varios órganos para ir, con sus diferentes actuaciones, preparando el acto final, o ante aprobaciones, como medidas de control, para permitir que surta sus efectos uno que ya se haya dictado. El aprobado y el aprobatorio son actos distintos, como lo son el de trámite y el definitivo. No obstante, lo anterior merece una precisión adicional: el acto sujeto a aprobación no necesariamente debe ser simple, como se desprende de algunas afirmaciones doctrinarias que para no calificarlos como complejos por la existencia del control, concluyen irremediablemente en que son simples. En realidad podría tratarse de un acto complejo que requiera control, pero tal denominación no la adoptan por la exigencia de la aprobación, sino por cualidades intrínsecas. De esta manera, si un acto es dictado simultáneamente por dos o más órganos y reúne el resto de los requisitos que analizaremos a continuación, entenderemos que será complejo, sin perjuicio de que también deba ser aprobado por otro órgano. Lo sería no por la necesidad de aprobación sino por la presencia en él de las notas definidoras de los mismos.

2.3. *Debe tener un contenido único:*

La otra nota identificadora de los actos administrativos complejos es la del contenido único que deben tener[44], entendiendo por contenido al efecto práctico que con la decisión se pretende y que constituye uno de sus requisitos de validez[45]. Así, los emisores de un acto complejo, deben pretender lograr un mismo efecto con la manifestación de voluntad que cada uno realiza para producirlo[46]; sea porque la norma

---

44   Ver ENTRENA CUESTA, *Curso...*, *cit*, p. 492; BORJA Y BORJA, Ramiro, *Teoría General del Derecho Administrativo*, Ed. Depalma, Buenos Aires, 1985, pp. 158 y 170; y RODRÍGUEZ, Gustavo, *oh. cit.*, p. 286.

45   BREWER-CARIAS da como ejemplos de contenido de un acto administrativo —u objeto, como también se le llama— los siguientes: el nombramiento de un funcionario y el decomiso de un bien (ver: *El Derecho Administrativo y la Ley Orgánica de Procedimientos Administrativos*, *cit*, p. 154). También SAYAGUES LASO denomina objeto al contenido del acto, aunque reconoce que ciertos autores lo incluyen dentro de una categoría autónoma (*ob. cit*, T. I, p. 442).

46   Por ejemplo, si se trata, para seguir el ejemplo que nos proporciona BREWER-CARIAS, de un acto de nombramiento de un funcionario, cada participante debe actuar, conjuntamente, para producir el efecto del nombramiento y no otro.

atributiva de competencia lo establece de esa forma o porque ellos le han dado tal sentido en virtud de habilitación legal para ello[47].

La razón de la actuación simultánea de órganos para producir un acto con un único efecto radica en que ellos actúan en ejercicio de una competencia compartida[48] y ello, en nuestro criterio, no debe perderse de vista. Varios órganos pueden reunirse por simple voluntad propia para dictar juntos una reglamentación sobre aspectos que interesan a cada uno, pero sin que norma alguna los obligue a actuar mancomunadamente. Cada uno ejerce su propia competencia pero lo hacen a la vez, con lo que posibles vicios en la voluntad de uno no deberían afectar el acto en su conjunto. En ese caso la reunión obedece a una decisión de sus autores sin que nada los constriñese a ello, pudiendo haber operado por separado. En cambio, en los supuestos de competencia compartida, en los que no se puede actuar aisladamente, la reunión de los que tienen la atribución se hace imperativa, al no poderse producir el efecto por uno solo de ellos[49]. Es principalmente en tales supuestos cuando surge el acto complejo: dos órganos a la vez actúan para producir directamente ciertos efectos jurídicos. Fue la constatación de la imposibilidad de que los produjesen separadamente lo que hizo que la doctrina alemana pensase en la existencia de una categoría especial de actos[50] y en ella radica la importancia de su

---

47   Todo acto administrativo puede tener contenidos de diversa naturaleza, algunos obligatorio, otros establecidos por su autor. En esta forma, existe un contenido natural, uno implícito y uno eventual. El primero es el que identifica realmente al acto y es el efecto principal que debe producir. El segundo es aquél que acompaña al natural por disposición legal y que ni siquiera hace falta mencionarlo en el acto, pues se presupone su existencia. El tercero es el que su autor le da en el caso particular si la ley se lo permite (condiciones, términos, modos). Sobre este punto puede consultarse: SAYAGUES LASO, *ob. cit*, T. I, pp. 440-441.

48   Cfr. ENTRENA CUESTA, *Curso...*, *cit.*, p. 492.

49   Sobre las competencias compartidas, ver Manuel María DIEZ, *Derecho Administrativo*, II, Bibliográfica Omeba, Buenos Aires, 1965, p. 30. Comenta DIEZ que la competencia "se atribuye generalmente a una autoridad única pero puede ocurrir que sea otorgada, de manera acumulativa, a varios órganos, como también puede serlo de manera alternativa". BREWER-CARIAS se refiere a las competencias propias o exclusivas, a las conjuntas y a las concurrentes. La primera se asigna a un solo órgano, aunque no significa que sea de naturaleza excluyente pues el acto dictado con base en ella puede ser revisado por un superior en la generalidad de los casos. La segunda se asigna a varios órganos para que actúen conjuntamente y es a la que llamamos compartida. La tercera se asigna a varios órganos y cada uno puede operar en forma aislada (BREWER, *Principios del régimen jurídico de la organización administrativa venezolana*, 2.º ed., EJV, Caracas, 1991, pp. 53-55).

50   Concretamente fue Jellinek quien planteó originalmente la idea de ciertos actos en los que se unían voluntades para conseguir intereses comunes, a diferencia de los contratos en los que los intereses eran contrapuestos. Lo peculiar de estos actos —según se percataría— es que uno solo de los órganos no podrían producir el efecto deseado por carecer de poder jurídico para ello (sobre ese origen, ver: ENTRENA CUESTA, *"El acto... "*, *cit*, p. 658; y JIMÉNEZ LUNA, *ob. cit.*, pp. 127-133).

determinación: la actuación solitaria o la irregularidad en alguna de las manifestaciones vicia el acto[51].

Con lo anterior puede observarse la razón por la que un conjunto de actos sucesivos no pueden considerarse actos complejos: por lo general cada uno de ellos tiene un objeto distinto[52]. Por ejemplo, los actos de trámite solo se dirigen indirectamente a la producción del acto final; son instrumentales con respecto a aquél y normalmente su contenido consiste en permitir la realización del siguiente y así, uno a uno, van dirigiéndose a la emisión de la última actuación, con lo que cada cual produce un efecto diverso. Por su parte, un acto aprobatorio puede tener indirectamente el mismo contenido del aprobado —como puede ser el nombramiento de un funcionario público— por cuanto uno y otro —juntos— permiten que la persona ingrese al personal estatal, pero en realidad el primero es el causante de tal efecto y el segundo es el que los deja materializarse. No son casos de competencia compartida porque la atribución le corresponde a uno solo. Además, aunque se afirme que en un caso como este indirectamente se cumpla un mismo efecto, se verá en el punto siguiente que no existe una identidad de fin en la actuación de cada órgano.

2.4. *Debe perseguirse un fin único:*

Por último, la unidad de fin sería la otra característica calificadora de un acto —junto con las anteriores— como complejo[53]. Sabemos que el elemento teleológico es, según la más aceptada doctrina, esencial en todo acto administrativo, hasta el punto que uno de los vicios que pueden afectarlo es el que se ha denominado, tan gráficamente, desviación de poder y que consiste en actuar con base en un supuesto de hecho cierto, con una competencia atribuida y siguiendo un procedimiento correcto, pero orientado por la satisfacción de un interés que no es el que guio al legislador para otorgar la facultad. Así, un acto debe ser dictado para cumplir con una finalidad —mediata o inmediata— que se prevé expresamente en la norma que atribuye la competencia o que puede desprenderse de ella. De apartarse su autor de esa intención, el acto que emita, aunque sea formalmente válido y parezca intachable, estará viciado porque el efecto producido por un órgano competente, siguiendo el procedimiento fijado y existiendo el

---

51   Ver ENTRENA CUESTA, *"El acto... "*, *cit*, p. 663.

52   Cfr. ENTRENA CUESTA, *"El acto..."*, *cit*, p. 666.

53   Ver: ENTRENA CUESTA, *Curso...*, *cit.*, p. 492 y RODRÍGUEZ, Gustavo, *ob. cit*, p. 286.

supuesto de hecho que legitimaría la actuación no puede ser tomado en cuenta al haberse obrado para seguir una finalidad indebida[54].

Al ser el elemento teleológico fundamental, la participación de cada órgano actuante debe estar orientada, necesariamente, por un fin determinado. Cuando esa finalidad es la misma para cada uno de los intervinientes en la emisión del acto puede considerarse —de darse el resto de las condiciones— que se trata de uno de tipo complejo. Si por el contrario la finalidad es distinta, el acto no será de tal clase. *Boquera Oliver* expresa, en este sentido, que en "los actos complejos la coincidencia de voluntades se produce no desde intereses contrapuestos, que las voluntades concilian, sino desde propósitos idénticos"[55]. Igual aseveración hace *Sandulli,* para quien hay dos clases de actos compuestos dictados en ejercicio de una misma función por varios agentes: los contratos y los actos complejos. Ambos emanarían de agentes diversos "cuyas determinaciones se concretan en una manifestación unitaria y concorde"[56], pero diferirían en que en los primeros existen "intereses objetivamente contrapuestos" mientras que en los segundos "convergen y se unen intereses coordinados en actitud de cooperación"[57].

Lo anterior ayuda aún más a negar la posibilidad de que un acto, por el hecho de requerir de una aprobación por parte de otro órgano, pueda convertirse en complejo. Evidentemente cada uno de los participantes —el que dicta el acto y el que lo aprueba— están guiados por un fin diverso[58]: el primero, por la satisfacción del interés colectivo, afectando la esfera jurídica de una persona[59]; el segundo, por una exigencia de control de la actividad del primero, aun cuando en forma mediata también se oriente por la satisfacción del interés general, como integrante de la Administración Pública que es[60].

---

54   Bastará recordar la aclaratoria del artículo 206 de nuestra Constitución, que faculta a los órganos de la jurisdicción contencioso-administrativa para anular los actos administrativos, incluso —es el término que emplea— cuando se encuentren viciados por desviación de poder.

55   BOQUERA OLIVER, *ob. cit,* p. 187.

56   SANDULLI, *ob. cit,* p. 384.

57   SANDULLI, *ob. cit,* pp. 384-385.

58   Cfr. ENTRENA CUESTA, *"El acto...", cit.,* p. 666.

59   El afectar la esfera jurídica particular es una manifestación de la tutela del interés general que está a cargo de la Administración. Así, si el particular lo solicita se le puede ampliar dicha esfera si se constata que para satisfacer su propio interés, no se perjudica el de la colectividad. La Administración puede, al contrario, afectar la esfera individual para disminuirla o simplemente modificarla si el interés de la persona se opone al colectivo y aunque esta no haya instado el obrar del Estado.

60   Por ejemplo, LARES MARTÍNEZ señala que según algunos autores el acto sujeto a aprobación "no alcanza la plenitud de su eficacia jurídica mientras no haya sido aprobado

3. *Las clases de actos administrativos complejos:*

Los actos administrativos complejos pueden presentar, a su vez, características que los individualizan entre sí. Todos deben tener notas comunes o genéricas; pero no son iguales en el resto de sus caracteres[61]. Trataremos solo dos clases: la distinción sostenida entre actos complejos iguales y desiguales y entre los denominados internos y externos.

3.1 *Actos administrativos complejos iguales y desiguales:*

Entre nosotros esta subdivisión fue acogida por el Profesor *Moles Caubet,* quien señala que "existen actos complejos iguales y actos complejos desiguales, teniendo en cuenta la superioridad o inferioridad de los participantes según su jerarquía administrativa"[62]. En caso de igualdad entre los órganos o entes, según este autor, "se produce una fusión de voluntades, en tanto que en el caso de desigualdad se produce una integración"[63]. En nuestro criterio, esta clasificación

---

y, por lo tanto, la decisión aprobatoria, junto con la medida aprobada, forman un acto complejo" y que, según otros, la aprobación es un acto distinto y no pueden formar un acto complejo, toda vez que carecen de la unidad de fin, "pues mientras la decisión aprobada persigue un determinado fin práctico, el acto de aprobación tiende a verificar si en aquélla aparecen los elementos de legalidad y conveniencia". En definitiva, LARES, aceptando expresamente que con ello varía la opinión sustentada en la primera edición de su Manual, se inclina por la segunda posición *(ob. cit,* p. 155).

61   Humberto BRISEÑO SIERRA, en México, comenta que la clasificación inicial entre actos simples y complejos "resulta difícil de mantener frente a las realidades administrativas y, por ello, ha sido necesario completarla" (ver su trabajo: *El Proceso Administrativo en Iberoamérica,* Instituto de Investigaciones Jurídicas, Universidad Nacional Autónoma de México, México, 1968, p. 35).

62   MOLES CAUBET, Prólogo a la obra de José ARAUJO JUÁREZ, *El Derecho Administrativo Formal,* Ed. Vadell Hermanos, Valencia (Venezuela), 1989, p. 17. En el mismo sentido, SAYAGUES LASO escribe que algunos autores, "hacen distingos entre los actos complejos, según que las voluntades actúen con poderes jurídicos iguales o desiguales" *(ob. cit,* T. I, p. 395). Sobre esta tesis de los actos iguales y desiguales, ver: BORSI, *ob. cit,* pp. 229-233.

63   Gustavo Humberto RODRÍGUEZ comenta, contrariamente a la terminología que hemos empleado nosotros, que el acto complejo ha sido denominado compuesto "cuando las voluntades que lo integran pertenecen a distintos niveles administrativos" *(ob. cit.,* p. 287). Nosotros preferimos llamarlo desigual, porque reservamos el término compuesto para identificar otra cosa, según vimos (supra, II.1.1). En un sentido distinto, PÉREZ LUCIANI afirma que lo que califica a un acto compuesto es que "los órganos o figuras subjetivas tengan un papel desigual o no homogéneo, de modo que uno de ellos se presente como agente principal y el otro como agente sirviente", cumpliendo este último "un papel de asistencia documental, asistencia contable, etc." (ver su trabajo: "Los decretos ejecutivos sobre salarios mínimos y aumentos salariales", en: *RCA-DF,* N.º 149 (N.º 2 de la 3.º etapa), 1991, p. 288). Esta es una forma de concebir al acto compuesto diferente tanto a la de RODRÍGUEZ como a la expuesta en este trabajo. PÉREZ LUCIANI no se refiere necesariamente a órganos superiores e inferiores dentro de una escala jerárquica sino dentro de una relación concreta.

tiene sentido ya que no todos los órganos dentro de la estructura de la Administración Pública están situados en el mismo nivel; todo lo contrario, es considerada la jerarquía como un principio fundamental de organización, que lleva aparejada importantes consecuencias prácticas[64].

Encontraremos así que en un acto complejo un órgano puede ubicarse en una situación de preeminencia con respecto al otro con el que conjuntamente lo dicta, hasta el punto que el que está en posición de superioridad aparece, en ocasiones, como su único autor[65]. Es pues cuestión de apariencia, en algunos casos, considerar a uno solo de los intervinientes en la producción del acto como su autor, ya que aquél en realidad deriva de todos y por ello es complejo. Si emanase únicamente de un órgano sería simple[66]. Existe en nuestro ordenamiento jurídico un ejemplo de lo anterior; el caso de los decretos presidenciales adoptados en Consejo de Ministros o el de los que requieren refrendo de uno o varios ministros, los cuales, a pesar de tal exigencia, a los ojos de terceros parecen dictados exclusivamente por el Presidente[67].

---

64   Para el análisis del tema en el caso venezolano, puede consultarse: BREWER-CARIAS, *Principios del régimen jurídico de la organización administrativa venezolana, cit*, pp. 63 a 68; y RONDÓN DE SANSO, *Teoría...*, *cit.*

65   En el supuesto de los actos complejos desiguales —comenta DE STEFANO—, formalmente se considera al acto "como exteriorización propia de este sujeto u órgano preeminente, aunque la voluntad de los demás sustancialmente resulte igual y en varios casos más decisiva" *(ob. cit, p. 21)*.

66   PENAGOS comenta que la doctrina "ha discutido la formación del Acto Complejo, cuando intervienen órganos que pertenecen a la misma rama, bien sea con dependencia externa o interna". Considera que en un verdadero régimen de descentralización administrativa, "no existe ningún problema, por cuanto los entes descentralizados son autónomos, interna o externamente". En un sistema de centralización administrativa, en cambio, cree que no se daría "el fenómeno jurídico de la complejidad, pues es bien sabido que todas las decisiones dependen del órgano central, y mal se podría predicar la intervención autónoma de dos o más órganos, sino una sola que en definitiva tiene la potestad de proferir la decisión" *(ob. cit., pp. 293)*. Obviamente, PENAGOS no toma en cuenta el caso de actos simultáneos como los decretos del Presidente en Consejo de Ministros, en el que no puede hablarse de que del primero dependa exclusivamente la decisión. Se refiere más bien a los supuestos de revisión de actos dictados por un órgano inferior por parte de su superior. Igualmente ENTRENA CUESTA reseña que Donati no admite la existencia de complejidad desigual porque cree que tal desnivel impide que los autores persigan un único interés *("El acto...", cit*, pp. 660-661).

67   Conforme el aparte final del artículo 190 de la Constitución las atribuciones que el Presidente de la República debe ejercer en Consejo de Ministros son: declarar el estado de emergencia y decretar la restricción o suspensión de las garantías en los casos previstos en la misma Constitución (ord. 6.°); adoptar las medidas necesarias para la defensa de la República, la integridad del territorio y de su soberanía, en caso de emergencia internacional (ord. 7.°); dictar medidas extraordinarias en materia económica o financiera cuando así lo requiera el interés público y haya sido autorizado para ello por ley especial (ord. 8.°); convocar al Congreso a sesiones extraordinarias (ord. 9.°); reglamentar total o parcialmente las leyes, sin alterar su espíritu, propósito y razón (ord. 10.°); decretar en

A diferencia del anterior, podemos encontrar ejemplos de actos complejos en los cuales los órganos que los producen sí se ubican en un mismo nivel jerárquico[68]. En tales casos, no existe —al menos no. se justificaría— posición alguna de preeminencia de un órgano con respecto al otro, sino de perfecta paridad. Se puede denominar iguales a los actos dictados en tales condiciones y ejemplos de ellos son las resoluciones ministeriales conjuntas, que se dictan cuando son varios los ministerios que tienen atribuida la competencia para actuar en una materia determinada[69]. Sin embargo, es de destacar que no toda resolución conjunta es necesariamente un acto complejo, puesto que pudiera darse el caso —como vimos al referirnos a la competencia compartida y el contenido único— en el que varios ministros expidan una resolución que debe aplicarse a los funcionarios del despacho de cada uno, pero que se hayan reunido solo porque así fue su deseo[70].

Los autores que conciben a los actos colegiales como complejos usualmente los ubican dentro de esta categoría de actos iguales. En concreto, parten de la participación de varias personas físicas — no de varios órganos— en la adopción de la decisión, las cuales se encuentran todas en un mismo nivel: son cointegrantes del colegio y ninguna prevalecería, en principio, sobre otras[71]. Claro está, todo esto

---

caso de emergencia comprobada, durante el receso del Congreso, la creación y dotación de nuevos servicios públicos, o la modificación o supresión de los existentes, previa autorización de la Comisión Delegada (ord. 11.°); negociar los empréstitos nacionales (ord. 13.°); decretar créditos adicionales al Presupuesto, previa autorización de las Cámaras en sesión conjunta o de la Comisión Delegada (ord. 14.°); y celebrar los contratos de interés nacional permitidos por la Constitución y las leyes (ord. 15.°). Aparte de ellas, en el último aparte se establece que: "Los actos del Presidente de la República, con excepción de los señalados en los ordinales 2.° y 3.°, de este artículo, deberán ser refrendados para su validez por el Ministro o Ministros respectivos".

68   Cfr. ENTRENA CUESTA, *Curso...*, *cit*, p. 492.

69   Sobre esta clase de resoluciones, ver BREWER-CARIAS, *Principios...*, *cit*, pp. 53-54.

70   DE STEFANO ubica el ejemplo dentro de los actos colectivos y no en los complejos por considerar que tal clase de reglamento "es el resultado de la colaboración de varios órganos de la Administración Pública, pero cada voluntad (...) guarda su autonomía jurídica". A lo que añade que el reglamento "se aplica en el ámbito de los Ministerios en virtud de la voluntad y la firma del Ministro respectivo" y que "la voluntad de cada ministro, aun cuando formalmente unida con la voluntad de los otros, guarda su individualidad", por lo que "no se funden para formar un sola" (*ob. cit.*, pp. 20-21). No son frecuentes reglamentos de tal índole, pero sí es conveniente mantener presente la observación, sobre todo si recordamos que la fusión o no de voluntades, en el sentido de existir propósitos idénticos que se unen para aparecer en un solo acto, es lo que distinguiría un acto complejo de uno colectivo.

71   Ver: BORSI, *ob. cit*, pp. 229-233.

dependerá de la aceptación de la tesis de la complejidad de los actos colegiales[72].

Algún sector de la doctrina denomina a los actos complejos desiguales como actos de integración, por ser de tal forma la preeminencia de un órgano sobre el otro, que queda absorbido en aquél, haciendo aparecer como si fuera solo uno su autor. En cambio, a los llamados iguales se les ha considerado como de fusión[73]. No obstante, aunque no dudamos que pueda plantearse la existencia de actos administrativos complejos de fusión y de integración, según sea el grado de unión que se produzca en el caso concreto, no creemos que sean necesariamente asimilables a los desiguales e iguales, por lo que preferimos no convertirlos en sinónimos.

3.2. *Actos administrativos complejos internos y externos:*

Los actos complejos internos serían aquellos en los que las voluntades pertenecen a órganos de una misma entidad, en contraposición a los externos, en los cuales las voluntades pertenecen a órganos de entes distintos[74]. Mucho más sencilla esta clasificación que la anterior, porque no es necesario determinar —como en el otro caso— el grado de vinculación que se presenta sino si se trata de órganos enclavados en una misma persona jurídica o no. En tal sentido, el español *Garcia-Trevijano Fos* nos comenta que la complejidad de un acto puede ser interna, "cuando son órganos del mismo ente público los que concurren" o externa, "cuando son varias personas jurídicas"[75].

Debemos advertir, sin embargo, que no nos referimos en este supuesto a contratos entre entes estatales de carácter público, sino a actos unilaterales dictados por varios órganos pertenecientes a personas diferentes, con un propósito igual y en ejercicio de una facultad que fue atribuida a cada interviniente para la satisfacción de una misma finalidad[76], tal como sucede entre nosotros en el caso de los denominados convenios cambiarios que celebran la República, por

---

72   ENTRENA CUESTA estima que la tesis de Borsi —quien en realidad resumía las de Jellinek y Brondi— si bien tuvo mucha aceptación en su momento, carece de mayor interés (*"El acto..."*, *cit.*, pp. 659-660). Sobre este punto volveremos *infra* (II.3).

73   Ver BRISEÑO SIERRA, *loc. cit.*

74   Ver BRISEÑO SIERRA, *loc. cit.* Ver asimismo RODRÍGUEZ, Gustavo, *ob. cit*, pp. 287-288. El origen de la complejidad interna puede verse en: BORSI, *ob. cit.*, pp. 233-234.

75   GARCIA-TREVIJANO FOS, *ob. cit*, p. 229.

76   Ver *infra* (H.2) la diferencia entre contratos celebrados por entes estatales de carácter público y los actos administrativos complejos.

medio del Ministro de Hacienda, y el Banco Central de Venezuela, y que a pesar de su nombre son actos normativos, y por ello unilaterales[77].

---

77   Sobre este caso concreto y su calificación como actos complejos, ver *infra* (IV.2).

II

LA DISTINCIÓN DEL ACTO ADMINISTRATIVO
COMPLEJO DE OTRAS FIGURAS

Aun sabiendo el diferente alcance que se le ha concedido a la noción de acto complejo, estamos convencidos, como lo afirma *Pérez Luciani*, de que a la misma se le ha ido dando en la doctrina un "sentido bastante riguroso"[1]; razón por la cual debe distinguirse de otras figuras con las cuales suele confundírsele. Es posiblemente este el aspecto más delicado del problema, por ser allí donde ha encontrado mayores inconvenientes para su aceptación definitiva. Frecuentemente tiende a recurrirse a esta denominación para explicar casos "complicados" y ha parecido encontrarse en ella una especie de recurso brillante para justificar ciertas anomalías en los actos administrativos; anomalías que, por lo demás, quizás no sean tales.

A precisar algunas nociones dedicaremos nuestra atención en las siguientes páginas, para lo que hemos previsto cuatro secciones: la primera —recordando que el complejo es solo una especie dentro del género de actos unilaterales dictados por varios órganos— servirá para delimitar la noción con respecto al resto de los actos pluriorgánicos (compuestos y colectivos); la segunda para distinguirlos de los actos colegiales, porque aunque hemos insistido acerca de su carácter simple, no pocos autores los ubican dentro de los complejos[2]; la tercera para compararlos con los contratos entre entes estatales de carácter público, porque pese a ser actos bilaterales son producto de la reunión de voluntades públicas; y la cuarta para analizar el caso concreto de los procedimientos administrativos, ya que a pesar de que creemos que no tienen vínculos que permitan mezclarlos, es en el que

---

1   PÉREZ LUCIANI, "El control de la constitucionalidad de leyes no normativas, aprobatorias de contratos", en: *RFD-UCAB*, N.º 2, 1966, p. 226. ENTRENA CUESTA afirma que la figura "ha sido objeto de una progresiva depuración" y que mientras más se reduce su ámbito más "gana en interés y utilidad" (*"El acto... "*, cit., pp. 657 y 663).

2   DE STEFANO expone que según algunos autores italianos son una categoría distinta de actos, que se diferencian de los simples y de los complejos y que, en todo caso, se acercan a los colectivos (*ob. cit*, p. 19). Serían así una tercera especie. Similar observación pudiera derivarse de BOQUERA OLIVER (*ob. cit.*, p. 187).

más confusiones se genera y bastará observar nuestra jurisprudencia para verificarlo[3].

1. *DISTINCIÓN CON OTROS ACTOS ADMINISTRATIVOS PLURIORGÁNICOS:*

Hemos visto como muchos autores dividen a los actos administrativos, según el número de sus emisores, en simples y complejos. Sin embargo, al tratar de estos últimos usualmente nos percatamos de que se les da un alcance restringido, no siendo tan solo actos emanados de varios órganos[4]. Por ello es más lógico incluir otra clase de actos pluriorgánicos, como los colectivos y tomar algún término como el género de ambos[5]. De esta manera, hemos clasificado a los actos administrativos en simples y compuestos. Los primeros pueden ser emitidos por órganos individuales o pluripersonales, sin que su naturaleza varíe. Los segundos no son más que la denominación para identificar un género[6] y no tienen otra característica que la pluralidad de órganos intervinientes en su emisión, sin importar tampoco el número de personas que los integren[7]. La forma en que se produce la

---

3   Ver *infra* (IV.3).

4   Ha sido ENTRENA CUESTA quien más ha insistido sobre la necesidad de realizar esta restricción (ver *"El acto..."*, *cit.*, p. 661).

5   Hemos indicado que los autores mexicanos sí tienden a delimitar con mayor precisión las distintas clases de actos pluriorgánicos (ver: SERRA ROJAS y OLIVERA TORO, obras citadas).

6   En Venezuela, la profesora RONDÓN DE SANSO señala que para analizar la figura del acto complejo "es menester comenzar por determinar su género, lo cual nos obliga a remontarnos a una categoría más amplia, la del acto compuesto" (*Procedimiento Administrativo*, 2.º ed. EJV, Caracas, 1983, p. 44). SANTI ROMANO, en cambio, califica a los actos colectivos y a los acuerdos, como especies del género acto complejo (ver su obra: *Principii di Diritto Amministrativo Italiano*, 3.º ed., Societá Editrice Libraria, Milán, 1912, pp. 58-59). Como se ve, SANTI ROMANO convierte al acto complejo en un género. En notas precedentes destacamos la calificación que hacen PÉREZ LUCIANI y G. RODRÍGUEZ de los actos compuestos como una especie de actos pluriorgánicos y no como el género. Se notará la poca uniformidad en los términos empleados.

7   A diferencia de lo que exponemos, BOQUERA OLIVER divide los actos administrativos en simples y compuestos: los primeros son producto de "la voluntad de un órgano individual" que es igual a la "del individuo humano que lo compone"; los segundos son "el resultado de la integración de dos o más voluntades individuales" (*ob. cit*, p. 192). Para él, no importa el número de órganos sino el de personas que manifiestan su voluntad. Por ello, los actos compuestos podrían ser de dos clases: colegiales y complejos; los primeros son "la suma de las voluntades de los individuos integrantes de un órgano" y los segundos aquellos "para cuyo nacimiento se necesita la unión de voluntades procedentes de diferentes órganos" (*loc. cit*). *Infra* (11.3) veremos esta tesis, con especial referencia a JIMÉNEZ LUNA.

participación y se unen las voluntades de los actuantes, es lo que le permitirá sub-clasificarios en colectivos y complejos[8].

La simultaneidad de la intervención de los órganos es esencial en el acto compuesto, porque de no haberla estaríamos en presencia o de actos sujetos a aprobación o de procedimientos administrativos —en los que un acto sigue a otro hasta producirse el que es el objeto del proceso y del cual los demás son tramitaciones necesarias— o, en fin, de actos que por disposición normativa requieren de la existencia previa de uno o varios más que constituyen presupuestos del que se forma, pero sin ser parte del procedimiento de emisión[9]. No puede olvidarse que un acto compuesto —y, por lógica, los colectivos y complejos, al ser sus especies— debe ser uno solo y la forma de serlo es que sus emisores se reúnan en un mismo momento a manifestar su voluntad, lo que será usualmente plasmado en un documento único[10]. Una sucesión de declaraciones no son un acto único, sino actos distintos tanto por sus autores como por sus momentos de emisión, aunque puedan ser iguales en su contenido e intención. Mucho menos lo será una serie de declaraciones con contenido y finalidades distintas, como es el caso de las actuaciones de control y los actos controlados. No obstante, veremos al estudiar nuestra jurisprudencia y doctrina administrativa que el mayor porcentaje de ejemplos en los que se ve complejidad no son sino conjunciones de actos, actos dictados al final de un procedimiento o actos que requieren actos presupuesto —no de trámite—, lo que implica que no existe simultaneidad en la declaración

---

8   SANDULLI no se refiere a dos sino a cuatro clases de actos compuestos, que concibe con fundamento en dos criterios: según se trate de actos dictados en una misma función —contratos, actos complejos y actos continuados— o de distintas funciones, una de las cuales es instrumental con respecto a otra, como sería el caso de los actos compuestos en sentido estricto. A su vez los que se dictan en ejercicio de una misma función pueden emanar de varios agentes —contratos y actos complejos— o de uno solo —actos continuados—. SANDULLI ha tratado el tema de los actos complejos en varias ocasiones, particularmente a fin de delimitar la figura del procedimiento administrativo. Trabajamos con la 10.º edición de su *Manuale...*, *cit.*, y la reimpresión de 1971 y con la obra *Il Procedimiento Amministrativo*, Dott. A. Giuffrè Editore, Milán, 1959.

9   Este último caso es el de los actos-presupuesto a los que GIANNINI se refiere (Ver Massimo Severo GIANNINI, *Diritto Amministrativo*, Vol. I, Milán, 1970). GIANNINI se cuida de sostener que no debe confundirse el acto-presupuesto con la noción de presupuestos, que son las circunstancias fácticas que habilitan a un órgano competente para dictar un acto. Los presupuestos son equivalentes a los motivos del acto (sobre ellos puede consultarse: PÉREZ LUCIANI, Gonzalo, "La intervención administrativa de los bancos o institutos de crédito", en: *RDP*, N.º 18, 1982, p. 40, nota 1). Sobre los actos complejos y los actos-presupuestos, veremos el caso presentado en nuestra jurisprudencia con las remociones y retiros de funcionarios públicos *(infra, IVA)*.

10   Debe recordarse que la Ley Orgánica de Procedimientos Administrativos, sin decirlo expresamente, exige la exteriorización en texto escrito de las manifestaciones de voluntad de la Administración. Ver, por ejemplo, los requisitos formales que su artículo 18 exige al momento de dictar un acto administrativo.

—que los calificaría en principio como actos compuestos— ni idénticos objeto y fin, lo que terminaría por calificarlos como complejos.

Siguiendo con la distinción, encontramos que los actos colectivos emanan de varios órganos, por lo que presentan similitud con los complejos, pero difieren en un aspecto fundamental: en ellos las diversas declaraciones no se funden, sino que permanecen independientes, debido a que no tienen un propósito igual[11]. En los actos complejos quedan fusionadas, siendo difícil escindirlas porque todos persiguen lo mismo, mientras que en los colectivos, los diversos órganos se unen en un momento determinado para actuar conjuntamente, pero pudiendo ser diferenciadas con facilidad cada una de las intervenciones, toda vez que pretenden asuntos distintos[12].

---

11   Con base en un criterio totalmente diferente, los actos administrativos han sido calificados como colectivos por dirigirse a afectar la esfera de varias personas y no por emanar de varios órganos. En Venezuela esta calificación se hizo en el caso de las denominadas "pautas" que puede dictar el Consejo Nacional de Universidades en virtud de la atribución que le confiere la Ley de Universidades; una de las cuales fueron objeto de una demanda de nulidad en la que se discutió —por ser importante a los efectos de la Ley Orgánica de la Corte Suprema de Justicia, al cambiar las normas sobre legitimación activa, caducidad de la acción y procedimiento para su tramitación— si eran actos generales o individuales. Se trataba de la impugnación intentada por el Rector de la Universidad Central de Venezuela ante la Corte Primera de lo Contencioso Administrativo de la disposición de unas pautas dictadas en 1977. En el juicio, el Fiscal General de la República, en ejercicio de su facultad para dictaminar en los procesos contencioso administrativos, planteó la duda sobre la naturaleza de las pautas y, en particular, en lo referido al lapso para impugnarlas. Se lee en el escrito del Fiscal que aquéllas tendrían "el efecto de un acto de los que la doctrina califica como 'actos colectivos', ya que inciden sobre cuerpos colectivos como son los componentes del personal docente y de investigación de las Universidades" integrado por personas "en todo momento determinadas; y, a lo sumo, determinables". Desde este punto de vista, los actos colectivos serían "una categoría de actos individuales con efectos atinentes a una pluralidad de figuras subjetivas (el personal docente y de investigación) ligadas por relaciones internas con la figura subjetiva (Universidad) a la cual el acto estaba dirigido". Por otra parte, entendió que si se sostuviese que el acto era general, al no haber lapso de caducidad, era impugnable. No concluyó nada sobre la naturaleza de las pautas, sino sobre la importancia de su determinación. En aquella oportunidad, la Corte Primera no se pronunció sobre tal planteamiento (ver extractos del escrito del Fiscal General en: RACHADELL, Manuel, "Comentarios a la sentencia declarativa de nulidad parcial de las pautas reglamentarias sobre el escalafón del personal docente y de investigación de las universidades nacionales", en: RDP, N.º 1, 1980, pp. 177 a 181). También calificando a un acto colectivo según sus destinatarios, ver DEBBASCH, *Droit Administratif*, París, 1969, p. 318, citado por JIMÉNEZ LUNA, *ob. cit*, p. 129, nota 54.

12   Ver MARIENHOFF, *ob. cit*, T. II, pp. 403 y ss; ENTRENA CUESTA, "El acto...", *cit*, p, 675; y José A. GARCIA-TREVIJANO FOS, *ob. cit*, p. 230. Este último escribe que en los actos colectivos hay varios órganos, "pero las voluntades permanecen autónomas, ej. una orden dada por varios Ministros para el personal de su respectivo Ministerio". Similar ejemplo nos proporciona DE STEFANO (*ob. cit*, pp. 20 y 21), según comentamos *supra* (1.3.1). Para RANELETTI en el acto colectivo "existe (...) una sola declaración de voluntad, pero no una sola voluntad; la voluntad declarada es la unión de las voluntades manifestadas por los participantes individuales en los actos" (RANELETTI, *Teoría degli atti amministrativi epeciali*, Milán, 1945, p. 119, citado por JIMÉNEZ LUNA, *ob. cit*, p. 129, nota 54). Gustavo

La importancia de esta diferenciación radica en que en el acto colectivo la invalidez de una voluntad no afecta a las demás, lo que no sucede en el complejo porque hay fusión de ellas[13]. En este sentido, y para aclarar la diferencia que existe entre uno y otro cuando en ambos hay participación de varios órganos, *Marienhoff* afirma que en el primero "las voluntades se unen solamente para manifestarse o expresarse en común, pero permaneciendo jurídicamente autónomas", mientras que en el segundo "las voluntades no permanecen autónomas", sino que "se funden en una sola", por lo que concluye que de ello se deriva una "consecuencia trascendente": en el colectivo "la invalidez de una de las voluntades no influye en la validez del acto, en cuanto se relaciona con las restantes voluntades; en el (...) complejo, dada la fusión que se opera entre las voluntades de los (...) intervinientes, el vicio de una de dichas voluntades afecta al acto en sí, invalidándole"[14]. En fin, si la distinción entre una clase u otra de actos pluriorgánicos se fundamenta en la reunión o no de voluntades para producir el mismo efecto en virtud de una competencia compartida, la consecuencia práctica de que nos encontremos ante una u otra tiene que estar centrada en el proceso de formación de tal voluntad, sus requisitos y los vicios de que puede estar afectada.

2. *Distinción con los contratos entre entes estatales de carácter público[15]:*

Podría sorprender la inclusión de esta clase de negocios jurídicos en la comparación que realizamos, debido a que no nos topamos ahora con un acto unilateral y es sabido que independientemente del criterio de definición que se adopte (formal, orgánico, material o mixto), por lo general se concibe al acto administrativo como una declaración no contractual[16]. De esta manera, usualmente se distinguen dos

---

RODRÍGUEZ comenta que los actos colectivos "son los que resultan de la expresión de varias voluntades jurídicamente autónomas que se unen simultáneamente para un objeto común en el cual coinciden pero por razón de sus propios y distintos intereses" (*ob. cit,* p. 288).

13   Ver: GARCÍA TREVIJANO-FOS, *ob. cit,* p. 230. En igual sentido, ZANOBINI, *Corso di Diritto Amministrativo,* 8.º ed., Vol. Primero, Dott. A. Giuffrè Editore, Milán, 1958, p. 255.

14   MARIENHOFF, *ob. cit,* T. II, p. 406. En igual sentido, ver: BIELSA, *ob. cit,* Tomo II, p. 170 y ENTRENA CUESTA, *Curso...*, *cit,* p. 491.

15   Sobre la falta de coincidencia entre las nociones de entes públicos y estatales, ver: BREWER-CARIAS, "La distinción entre las personas públicas y las personas privadas y el sentido de la problemática actual de la clasificación de los sujetos de derecho", en: *RFD-UCV,* N.º 57, 1976, pp. 115-135.

16   Es este sentido, escribe SAYAGUES LASO que acto administrativo "es toda declaración de voluntad de la administración, que produce efectos subjetivos" y excluye "a los actos creadores de reglas generales, así como los actos convencionales de la administración". Sin embargo, añade: "Unos y otros son actos administrativos si damos a esa palabra un

grandes bloques en la actividad que despliega la administración: la que se manifiesta a través de actos unilateralmente emitidos, es decir sin consenso con alguien más —aunque se dicten a instancia de interesado—, y la que se manifiesta a través de actos bilaterales o plurilaterales —llámense o no contratos administrativos— en los que sí se requiere consenso de otra parte, como en toda convención. La calificación de actos administrativos se ha reservado a los primeros, excluyéndose expresamente a los segundos[17]. Acto complejo y contrato serían distintos en este aspecto esencial: la unilateralidad del primero y la bi o plurilateralidad del segundo[18]. Justifica, no obstante, que nos refiramos a esta clase de contratos, el que en los actos complejos —así como en los colectivos— participan varios órganos administrativos, por lo que hallamos en todos una semejanza: intervienen distintos órganos, aun cuando de personas distintas, al igual que sucede en el caso de los llamados actos externos[19]. Así, para cada ente público, su participación en el contrato supone una actuación administrativa[20].

Ahora, pese a esta similitud resulta sencillo detectar la diferencia existente entre una y otra figura: en el acto complejo se realiza una real fusión de voluntades de varios órganos para dictar un acto unilateral que tendrá efectos para otras personas, mientras que en el contrato nos encontramos ante el caso de un acuerdo de voluntades —nunca fusión, puesto que cada una de ellas tiene distinta causa y solo se reúnen a los fines de concertar un mismo medio para satisfacerla— para emitir un acto que únicamente producirá efectos directos en cada una de las partes, en virtud de la regla general de que los

---

significado amplio; no lo son en el concepto restringido" (*ob. cit*, T, I, pp. 388-389). Como se nota, descarta tanto a los contratos como a los actos normativos. Sobre la exclusión de las normas de la categoría de actos administrativos, ver *supra* I.1.

17   Sin embargo, ENTRENA CUESTA divide a los actos administrativos en simples y compuestos y a los últimos en homogéneos (actos complejos) y heterogéneos (contratos), con lo que se aparta notablemente de la opinión de SAYAGUES LASO transcrita anteriormente (ENTRENA CUESTA, *Curso...*, *cit*, pp. 491-492).

18   Por su parte, BIELSA cree que el acto complejo puede "ser unilateral o bilateral, pues lo complejo se refiere al proceso de formación del acto dentro de la Administración Pública, y no al órgano u órganos sujetos de la relación jurídica, que concurren a formar el acto (especialmente el contrato)" (BIELSA, *ob. cit*, T. II, p. 35). Se notará que BIELSA concibe al acto complejo desde un criterio distinto al que hemos empleado en este trabajo, al partir de una calificación según el proceso de elaboración y no desde el punto de vista de sus autores. Por ello, no debe sorprender la inclusión que hace de actos contractuales. En sentido contrario, afirmando el carácter unilateral del acto complejo: ZANOBINI, *ob. cit*, p. 255 y VIDAL PERDOMO, *ob. cit.*, p. 394.

19   Ver *supra* (I.3).

20   En ese sentido, por ejemplo, un contrato entre municipios implica la participación de los órganos ejecutivos de que cada parte.

contratos solo surten efectos entre los participantes[21]. Debe recordarse que la unilateralidad consiste en que los efectos se dirigen a terceras personas desde el emisor del acto, con lo que en el caso de ser varios autores estos aparecen como un bloque uniforme[22]. La bilateralidad consiste en que los efectos se dirigen recíprocamente a cada actor y en la plurilateralidad se entrecruzan. En esta forma, no es el número de intervinientes lo que califica a un acto como bi o plurilateral.

Ejemplos en Venezuela de contratos entre entes estatales de carácter público son los que crean mancomunidades para la prestación de servicios públicos[23] o los previstos con el objeto de desarrollar la descentralización[24]. En todos ellos cada participante tiene una causa diferente, que reunidas sirven para satisfacer una pretensión que sin el concurso de la contraparte quizás no podría ser cristalizada. No constituyen ejemplos de contratos, en cambio y a pesar de su nombre, los denominados convenios cambiarios celebrados entre la República, por órgano del Ministerio de Hacienda, y el Banco Central de Venezuela, en virtud de la atribución contenida en la ley que regula la actuación de este último, sino que son decisiones adoptadas entre ambos entes simultáneamente, con idéntico objeto y que tienen contenido normativo. Por ello, no pueden ser entendidos como contratos y sí como actos unilaterales, y en concreto como actos complejos como lo ha hecho acertadamente nuestra jurisprudencia[25].

---

21   ENTRENA CUESTA cree que en los contratos, a diferencia de los actos complejos, hay "intereses contrapuestos" (*ob. cit*, p. 492). Ver igualmente ZANOBINI, *ob. cit*, p. 255. Ya indicamos, sin embargo, que ENTRENA CUESTA considera que los contratos son actos administrativos compuestos de carácter heterogéneo (ver notas precedentes).

22   Para ENTRENA CUESTA lo que sucede en definitiva es que en el acto complejo "la voluntad es única" y en el contrato "existen dos o más voluntades" ("El *acto...*", *cit.*, p. 660).

23   Las mancomunidades están previstas en la Constitución y desarrolladas en la Ley Orgánica de Régimen Municipal (sobre ellas puede verse: BREWER-CARIAS, "Introducción general al régimen municipal", en: *Ley Orgánica de Régimen Municipal*, EJV, Caracas, 1990, pp. 38-39).

24   Sobre los contratos en materia de descentralización, y también sobre los de mancomunidades, puede consultarse: Cecilia SOSA GÓMEZ, "Los contratos entre personas jurídico-públicas. Base conceptual. Naturaleza jurídica de los actos inter-órganos de la Administración. Algunos ejemplos de relaciones inter-órganos" y Manuel RACHADELL, "Los convenios para la descentralización", ambos publicados en: *Régimen jurídico de los contratos administrativos*, EPGR, Caracas, 1991, pp. 99-112 y 113-129, respectivamente.

25   Sentencias de la Sala Político-Administrativa de la Corte Suprema de Justicia que veremos *infra* (IV.2). Sobre este punto, ver: RACHADELL, "Los *convenios...*", *cit.*, p. 126 y SOSA GÓMEZ, *ob. cit*, pp. 108-109.

3. *Distinción con los actos colegiales:*

A pesar de que los consideramos simples, especial atención merecen los actos colegiales, entendiendo por tales a aquéllos que emanan de un órgano colegiado, es decir, uno integrado por varias personas físicas, cuyas manifestaciones de voluntad, siguiendo determinadas reglas, se transforman en la de aquél[26]. Según alguna doctrina son actos simples; conforme otra son complejos; e incluso llegan a ser vistos como una categoría aparte, ni simples ni complejos[27]. En primer lugar, para ciertos autores son actos simples por emanar de un solo órgano, aunque tenga carácter colegiado[28]. No sería, pues, el número de voluntades correspondientes a las personas que integran el órgano lo determinante para calificar al acto como complejo. Otros los conciben como una especie de los actos administrativos complejos, aunque tal consideración no es aceptada, como anota *Moles Caubet*, "pacíficamente"[29]. Por último, existen quienes los ubican en una categoría aparte.

A la cabeza de los autores que diferencian el acto colegial del complejo, encontramos al español *Entrena Cuesta*, quien se encarga de comentar las tesis de los italianos *Brondi* y *Borsi*, los primeros en estudiar sistemáticamente la figura del acto administrativo complejo, a partir de las formulaciones germánicas[30]. Para *Enfrena Cuesta* la complejidad de un acto se produce cuando el ejercicio del poder está atribuido a varios órganos. En su criterio, para que exista un acto complejo es necesaria la existencia de los siguientes requisitos:

---

26   Para un estudio de la colegialidad entre las formas de organización administrativa, puede consultarse: RONDÓN DE SANSO, *Teoría...*, *cit*, pp. 151-158 y JIMÉNEZ LUNA, *ob. cit* Jurisprudencia venezolana sobre los aspectos de interés en los procedimientos y actos colegiales, pueden verse en: BREWER-CARIAS, *Jurisprudencia de la Corte Suprema 1930-1974 y Estudios de Derecho Administrativo*, T. III, Vol, 1, UCV, Caracas, 1976, pp. 143-149 y 217-222.

27   En tal sentido, GONZALEZ PÉREZ escribe que los actos de los órganos colegiados "no son actos complejos sino actos simples", a lo que agrega que en la formación de la voluntad del órgano "interviene, efectivamente, la voluntad de las distintas personas que son sus miembros; pero estas voluntades, a través del correspondiente procedimiento, formarán el acto del órgano" (*Comentarios a la Ley de Procedimiento Administrativo*, Ed. Civitas, 1988, p. 147). De igual parecer ver, entre muchos: VIDAL PERDOMO, *ob. cit*, p. 394. JIMÉNEZ LUNA, aunque opina lo contrario, admite que la doctrina "entiende que el acto administrativo imputado al colegio es un acto simple, al ser un acto de un solo órgano, puesto que las voluntades emitidas por cada una de las personas físicas que forman el colegio se integran en una voluntad unitaria, a través del llamado procedimiento colegial" (*ob. cit*, pp. 108-109).

28   Sobre este tema ver: GIANNINI, M.S., *Corso di Diritto Amministrativo*, Vol. IV, Dott. A, Giuffrè, Milán, 1969, pp. 50-60.

29   MOLES CAUBET, *Prólogo*, *cit.*, p. 17.

30   Ver ENTRENA CUESTA, *"El acto..."*, *cit.*, p. 663.

1) varias declaraciones de voluntad de distintos órganos de un ente público (no de distintos sujetos); 2) que estas se dirijan a la producción de un mismo efecto, y 3) que este efecto sea querido para la satisfacción de un único y solo interés[31]. No es difícil observar como con dichos requisitos —que son los planteados por nosotros en la primera parte de este trabajos[32]— quedan excluidos de la noción los emanados de colegios, toda vez que provienen de un solo órgano, aun cuando formado por varias personas físicas.

No obstante la claridad de lo anterior, *Jiménez Luna* sostiene que la formulación de *Enfrena Cuesta* es inobjetable solo si se considera al colegio como un órgano en la forma mencionada. El estima que la posibilidad de concebir a los actos colegiales como complejos dependerá de la naturaleza que se atribuya al colegio para lo que debe tomarse en cuenta su carácter compuesto[33]. Para él, el acto colegial puede identificarse, o al menos relacionarse, con el complejo[34], para lo cual comienza advirtiendo sobre "la conveniencia de formular un concepto genérico" de este último, "suficientemente comprensivo como para albergar supuestos de hecho diferenciados"[35]. Afirma que "nos hallamos ante un acto calificable como complejo cuando (...) resulta del concurso de varias declaraciones de voluntad, emitidas de acuerdo con el procedimiento establecido" y "que coinciden en la determinación del contenido material del acto"[36]. En su criterio, aparte de "la identidad de contenido de las declaraciones de voluntad que concurren a su formación", el elemento "que da unidad al acto

---

31 ENTRENA CUESTA, *"El acto..."*, *cit.*, p. 663.

32 A excepción de la necesidad de tratarse de órganos de un misma persona, pues indicamos que existe el caso de los actos complejos externos, como el de los convenios cambiarios entre la República y el Banco Central de Venezuela.

33 Para JIMÉNEZ LUNA, es "evidente (...) que bajo los planteamientos de ENTRENA CUESTA yace una determinada concepción orgánica sobre el colegio, inscrita en la teoría clásica de la colegialidad que atribuye todo valor a la *fictio iuris* en cuya virtud la voluntad del colegio es unitaria y todos sus miembros se integran en un único órgano, el que se atribuye o imputa dicha voluntad. Bajo esta óptica, las afirmaciones de ENTRENA CUESTA son (...) rigurosamente irreprochables. Pero es evidente que toda opinión sobre la posibilidad de conceptuar a los actos colegiales como actos complejos está en necesaria dependencia de la calificación orgánica que se atribuya al colegio y, por tanto, aquella conceptuación deberá partir de la previa afirmación de la naturaleza estructuralmente compuesta de este" *(ob. cit.,* p. 133).

34 Hemos indicado que BORSI señalaba que los actos colegiales debían ser ubicados dentro de la categoría de actos complejos iguales *(ob. cit,* p. 229-233). Sin embargo, JIMÉNEZ LUNA se aparta de las ideas de ese autor por considerar que la finalidad perseguida por él "no era otra sino la de llegar a una artificiosa distinción entre actos colegiales y acuerdos, en cuyo corolario se incluía la negación de la figura de los contratos administrativos" *(ob. cit.,* pp. 130-ss.).

35 JIMÉNEZ LUNA, *ob. cit.,* p. 133.

36 JIMÉNEZ LUNA, *loc. Cit.*

complejo" y que lo diferencia de una "mera suma" es "el hecho de que tales declaraciones procedan de sujetos estructuralmente autónomos y cuya discrepancia (...) al ser objeto de una ordenada previsión por el ordenamiento, goza de relevancia jurídica"[37]. Su concepción permite, en sus propias palabras, calificar como complejos a "los diversos actos producidos a través del procedimiento colegial", debido a que en el colegio existen diversos sujetos que expresan sus pareceres coincidentes o divergentes, a los que el orden jurídico se encarga de conferirle su correspondiente valor.

Este autor incluso llega a afirmar que "el procedimiento propio de los colegios (...) arrojaría una pluralidad de actos complejos, (...) producidos por cada uno de los centros organizatorios (...) que (...) componen la estructura colegial"[38]. En ese sentido, sostiene que "el procedimiento colegial arroja como producto varios actos diversos en su contenido y en su eficacia" y que es a cada uno de ellos a los que debe atribuirse la calificación de complejos, "ya que (...) resultan de la concurrencia de varias declaraciones de voluntad material y procedimentalmente autónomas"[39]. Para él, la "estructura subjetivamente compleja del colegio se refleja no en la creación de un acto colegial de naturaleza compleja, sino en la producción de varios actos complejos, cuya titularidad incumbe a cada uno de los centros organizatorios", integrados "por aquellos miembros (...) cuyas declaraciones de voluntad, formalizadas a través del voto, tienen contenido convergente"[40]. Concluye afirmando que "solo uno de estos actos complejos —el acto mayoritario— adquiere la eficacia propia del acto administrativo, en virtud de la técnica de la imputación", pero cree que "la complejidad del acto (...) imputado al colegio y, en definitiva, el acto colegial mismo, habrán de quedar materialmente referidos a un determinado centro organizatorio y no a la compleja estructura plurisubjetiva del colegio"[41]. Como se notará, *Jiménez Luna* entiende que en el colegio se emiten una serie de actos complejos —por cada "centro organizatorio"— de los cuales solo uno será el que expresa la voluntad del órgano.

---

37   Continúa JIMÉNEZ LUNA así: "El acto complejo se integra por varias declaraciones de voluntad puntualmente convergentes, pero potencialmente discrepantes, porque tal discrepancia tiene reflejo e incidencia procedimentales; o, en otros términos, porque las declaraciones de voluntad concurrentes a su formación son imputables a centros subjetivos autónomos dotados de propio poder determinante" (*ob. cit*, pp. 133-134).

38   JIMÉNEZ LUNA, *ob. cit.*, p. 135.

39   JIMÉNEZ LUNA, *ob. cit*, p. 136.

40   *Idem.*

41   *Idem.*

Independientemente de tales consideraciones, insistimos en el carácter simple del acto colegial, por partir nosotros de una base distinta para conceptuarlos y que nos parece más acertada, por cuanto los actos administrativos son en realidad expresión de la voluntad de los órganos legítimamente constituidos, con independencia del número de individuos que los formen[42]. Así, aunque estén representados por personas físicas y sean las voluntades de estas las que se exponen inicialmente, debe recordarse que por la vía de la imputación se transforman en la del órgano y al exteriorizarse jurídicamente en esa forma, el interés se desplaza a él, por lo que el carácter plurisubjetivo de los colegios tiene importancia solo para fijar las reglas según las cuales las diversas voluntades pasarán —porque en este caso es menos sencilla la imputación— a ser la del órgano que integran[43].

Sobre la tesis del carácter intermedio del acto colegial entre los simples y los complejos no nos detendremos puesto que, al igual que la que acabamos de comentar, se centra en la consideración de la forma pluripersonal de integración de los colegios y las peculiaridades del régimen de imputación de voluntades diversas. Se diferencia solo en que no se llega a calificar directamente el producto de las deliberaciones y de la imputación como un acto complejo, pero tampoco se le llega a concebir como uno simple, quedando como una especie anómala, pues siendo actos monorgánicos se les trata como si no lo fueran, lo que crea una distorsión evidente[44]. Así, de no ser simples deberían ser pluriorgánicos porque terceras categorías cambiarían el criterio de clasificación, pasando desde el punto de vista del número de autores del acto a uno mixto entre ése y el número de personas físicas participantes, lo que no estimamos correcto.

4.   *Distinción con el procedimiento administrativo:*

Quizás el asunto que mayor confusión origina en esta materia es la pretendida asimilación que se hace entre las figuras de procedimiento administrativo y acto complejo; tanto, que la profesora *Rondón de Sansó* comenta que "puede afirmarse que la formulación teórica" de

---

42   Cfr. ENTRENA CUESTA, *"El acto..."*, *cit*, pp. 675-676.

43   Sobre el órgano, ver: DIEZ, *ob. cit*, I, pp. 74-ss. Sobre las relaciones entre órganos y funcionarios, ver concretamente pp. 85-87. Sobre las figuras subjetivas en el Derecho Administrativo y los mecanismos de imputación, ver: GIANNINI, M.S., *Derecho Administrativo*, Vol. Primero, Ministerio para las Administraciones Públicas, Madrid, 1991, pp. 137-163.

44   DE STEFANO señala que se acercan a los colectivos (*ob. cit*, p. 22). TINOCO RICHTER sí los califica directamente como tales (*Teoría de la Administración y del Derecho Administrativo*, UCV, Caracas, 1970, p. 551), pero no en el sentido que antes le hemos dado y a ello haremos referencia *infra* (III.1).

la primera "se realizó, en gran parte, a través de la búsqueda de una diferenciación entre ellas"[45]. No obstante, nosotros partiremos de una aseveración esencial: ellas no tienen reales puntos de contacto porque se trata de nociones que se refieren a aspectos enteramente distintos[46]. Surge la idea del procedimiento de la necesidad de encontrar vías para la protección de los derechos de los particulares ante los órganos estatales, de posible conducta peligrosa al ejercer el poder público. Es por ello que hoy en día prácticamente toda la actividad del Estado está procedimentalizada y la razón parece obvia: la búsqueda de conciliación entre las prerrogativas públicas frente a los derechos de los administrados, binomio fundamental del Derecho Administrativo[47], así como también la necesidad de encauzar las actuaciones de diversos órganos para formar la voluntad estatal[48]. El procedimiento consiste en una secuencia de actos de diversos órganos que tienen vínculos entre sí, y que en su conjunto se dirigen a la producción de un mismo fin[49]. En esta forma, para dictar un acto administrativo por lo general se prevé el cumplimiento de una serie de pasos que se consideran necesarios, al concebirse como la garantía de la transparencia de la actuación administrativa en tutela del derecho de los particulares[50].

---

45   RONDÓN DE SANSO, *Procedimiento...*, *cit*, p. 41.

46   Para el tema de los procedimientos administrativos, ver: SANDULLI, *Il Procedimiento Amministrativo, cit*. Sobre las diferencias entre procedimiento administrativo y acto complejo, ver: GIANNINI, Corso..., cit., Vol. IV, pp. 19-23. Además, sobre la distinción entre procedimiento administrativo y acto compuesto, ver: GIANNINI, "Atto Amministrativo", en: *Enciclopedia del Diritto, edizione speciale per gli studenti dell'Università di Roma*, Dott. A. Giuffrè, Milán, 1960, pp. 46-48.

47   Sobre este binomio puede consultarse: ESCOLA, Héctor, *El interés público como fundamento del Derecho Administrativo*, Ed. Depalma, Buenos Aires, 1989 y GIANNINI, M.S., *Premisas sociológicas e históricas del Derecho Administrativo*, (trad. de M. Baena del Alcázar y J.M. García Mandaria), Instituto Nacional de Administración Pública, Madrid, 1980. Una brevísima referencia a este binomio la encontramos en: BREWER CARIAS, "Introducción al régimen jurídico de las nacionalizaciones en Venezuela", en: *ADP*, Vol. III, Régimen jurídico de las nacionalizaciones en Venezuela, T. 1, 1981, pp. 23-24.

48   Observa DIEZ que es lógica la exigencia de un procedimiento administrativo por cuanto, aparte del "deseo de juridizar el actuar administrativo", ello deriva de la necesidad de lograr un mecanismo de formación de la voluntad de una persona jurídica" (*ob. cit.*, T. II, p. 233).

49   Ver PÉREZ LUCIANI, *"El sistema..."*, *cit*, p. 37.

50   Debe recordarse que el orden jurídico no se agota en disposiciones ni en la consagración de principios, ni en el reconocimiento abstracto de derechos y facultades, ni de correlativos deberes, sino que requiere ser concretado en situaciones particulares, con análisis de los principios y normas existentes y su aplicación a las especiales características de esas situaciones. Por ello, los aspectos procedimentales adquieren cada vez mayor importancia. No debe, en ningún momento, perderse de vista que los procedimientos son la forma más adecuada para garantizar la transparencia en la consecución de los cometidos en los cuales una serie de órganos o personas deben participar, como es el caso típico de

Solo por lo anterior creemos que resultaría indudable que la existencia de un procedimiento no puede ser la nota definidora de la complejidad de un acto, porque de ser así casi todos —pues existen algunos que se dictan sin necesidad de procedimiento previo— serían complejos. Lógicamente, ésa no puede ser la conclusión a la que se arribe. No obstante lo sencillo que ello parece, delimitar ambas figuras fue labor ardua de la doctrina en el momento en que estas apenas estaban siendo esbozadas, aunque luego de un más detenido análisis, pudieran con mayor facilidad ser distinguidas. *Rondón de Sansó* señala que podría considerarse que fue *Braci* "el primero en establecer los linderos de separación entre ambas instituciones". Para ese autor "el elemento individualizador del acto complejo, está en el hecho de que cada una de las actividades que se unen en el mismo están coordinadas hacia un fin único inmediato, lo cual, no sucede en el procedimiento"[51].

Efectivamente, no puede perderse de vista que los actos de trámite solo en forma indirecta están dirigidos a la producción del efecto del acto final, puesto que son instrumentales con respecto a él. El procedimiento del que todos forman parte es, por ello, una noción adjetiva, al ser únicamente un cauce para la emisión de actos, los cuales sí son una noción sustantiva, con esencia en sí misma. Sin embargo, esta diferenciación básica se perdió durante largo tiempo en la doctrina jurídica, precisamente en virtud del surgimiento de la idea de los actos complejos. En concreto, se entendió que el procedimiento era también un concepto material consistente en la suma de actos que se convertían en la voluntad final de la Administración. Los actos surgidos de él serían la reunión de todas las voluntades producidas en momentos distintos, con lo que se originó una confusión entre ellos y el propio procedimiento de emisión, planteándose la idea de que el acto se iba formando gradualmente[52]. Tal posición ha sido

---

las actividades estatales. Es por ello que son la forma típica de actuación pública. Sobre la importancia de los procedimientos administrativos para la garantía particular, puede consultarse: ARAUJO JUÁREZ, *Principios Generales del Derecho Administrativo Formal*, Vadell Hermanos Editores, Valencia, Venezuela, 1989; BREWER-CARIAS, *El Derecho Administrativo y la Ley Orgánica de Procedimientos Administrativos*, *cit*; y el conjunto de ponencias dictadas en el año 1981 a raíz de la entrada en vigencia de la ley de la materia, compiladas en: *ADP*, Vol. IV, El Procedimiento Administrativo, 1983.

51   Ver RONDÓN DE SANSO, *Procedimiento...*, *cit*, p. 41. La reseña es de la obra de Bracci *Dell'atto complesso nell diritto amministrativo*, Siena, 1927.

52   Tal concepción sustancial habría sido adoptada principalmente partiendo de postulados de la doctrina germánica y se extendió rápidamente a otros países. Estiman GARCÍA DE ENTERRÍA y FERNÁNDEZ que la "concepción sustancialista del procedimiento administrativo (...) dominó de forma casi absoluta el panorama doctrinal en Italia durante los treinta primeros años de este siglo", aunque "está ya definitivamente arrumbada" (*ob. cit.*, I, p. 425). Sobre ella, referida particularmente a la operation administrative del derecho francés, ver: RONDÓN DE SANSO, *Procedimiento...*, *cit*, p. 45. Acerca de esa

suficientemente superada y la mayoría de la doctrina reconoce que la complejidad no nace del procedimiento, por lo que es inútil predicar de este un carácter sustantivo[53].

Como parte de esta doctrina, *Garrido Falla* considera que el acto complejo no puede ser asimilado al procedimiento administrativo y ya adelantamos parte de su opinión al revisar su posición sobre la posibilidad de que la intervención de los órganos participantes en la producción del acto sea sucesiva[54]. Para él, el procedimiento sirve para integrar "declaraciones administrativas en orden a preparar una decisión final", la cual "no debe deducirse que (...) tenga el carácter de acto complejo, pues entendida así la complejidad habría que predicar tal carácter de la mayor parte de los actos administrativos"[55]. Similares

---

noción francesa, ver: RIVERO, *Derecho Administrativo*, trad. de la 9.º ed., UCV, Caracas, 1984, p. 97. Expone RIVERO que la "actividad de la Administración como toda actividad humana, adopta dos vías: la de la decisión y la de la operación", ya que administrar "es a la vez, elaborar los actos jurídicos que fijan los derechos y las obligaciones respectivas de las personas públicas y de los particulares, y cumplir la masa de operaciones tanto materiales como intelectuales que exige la satisfacción del interés general". Afirma que las operaciones administrativas "son múltiples y multiformes, sean que precedan y preparen las decisiones (estudios previos), sea que constituyan la ejecución de estas, y más ampliamente, el cumplimiento del servicio".

53   En ese sentido, GARCÍA DE ENTERRÍA y FERNÁNDEZ comentan que si se concibe al procedimiento como un "cauce formal de la serie de actos en que se concreta la actuación administrativa para la realización de un fin", debe rechazarse la "corriente doctrinal que (...) con el propósito inicial de dar explicación cumplida del fenómeno de los actos complejos (...), fue derivando poco a poco hacia un concepto sustancial de procedimiento, en el cual los distintos elementos de la serie carecerían de toda autonomía para el papel de simples partes integrantes de la decisión final, que se presentaría entonces como un acto-procedimiento, esto es, como la voluntad de los sujetos y órganos intervinientes en la operación" (*ob. cit.*, I, p. 425). En Venezuela, ARAUJO JUÁREZ también afirma que debe rechazarse la concepción sustancial que postula la "simple formación gradual de la voluntad administrativa, como resultante o integración de voluntades de todos los sujetos y órganos participantes". Según él, no "es la expresión de un supuesto acto complejo unitario, desenvuelto a través del tiempo, tampoco es la integración de una sola voluntad administrativa nutrida de diferentes procedencias: sino que es más bien, un complejo de actos y de operaciones instrumentales o auxiliares del acto decisorio conclusivo o final, y que gozan de singularidad y relativa autonomía" (*ob. cit*, p. 39).

54   Ver *supra* (I.2.2).

55   GARRIDO FALLA, *ob. cit*, Vol. I, p. 475. BIELSA sostiene, sin embargo, que para la validez del acto complejo "es necesario que sean válidos los actos anteriores o los que necesariamente lo presuponen", añadiendo que tal afirmación no es más que "un proceso de lógica jurídica". En su criterio, "la invalidez de un acto anterior vicia al acto complejo si ese acto anterior es presupuesto necesario del posterior que integra al acto perfecto salvo que el órgano que perfecciona el acto tenga atribución legal para confirmarlo o ratificarlo, para lo cual es necesario tener presente que no basta que ese órgano sea superior jerárquico, pues cuando la competencia legal está expresamente distribuida entre diversos órganos o las formas legales están establecidas *ab substantiam* o *ad solemnitatem*, toda extralimitación y omisión, respectivamente, determinan la nulidad del acto" (BIELSA, *ob. cit.*, T. II, p. 170). En BIELSA se observa la tendencia a considerar a actos sucesivos como integrantes de un

consideraciones hacen *García de Enterría* y *Fernández*, para quienes el "procedimiento administrativo no es un acto complejo, sino, más propiamente (...) un complejo de actos, del administrado y de la Administración, de diverso valor todos ellos, aunque con sustantividad jurídica propia, sin perjuicio de su carácter instrumental respecto de la resolución final"[56]. Por ello estiman errado confundirlos[57].

Las tesis que, por el contrario, acercan ambas nociones, pueden llegar al extremo de *Gasparri*, para quien el procedimiento administrativo es una especie del acto complejo[58]. Este autor considera que lo fundamental en este último es la combinación de actos administrativos entre sí o con otros de diversa índole, existiendo, a su vez, dos categorías que se ubican dentro de la figura: el procedimiento y el acto complejo *stricto sensu*[59]. Lo primero que se notará es el alcance que concede a la noción, hasta el punto de estar sub-clasificada en dos figuras más, una de ellas —la del procedimiento— de amplitud considerable. El sentido que le da al procedimiento es el ordinario y a esos actos complejos *stricto sensu* los divide en dos: monopersonales o unipersonales (que

---

posterior acto complejo, lo que explica que la relevancia radique en que la invalidez de uno de los actos precedentes afecta al final, que sería el complejo. No obstante, creemos que en tales casos no se está ante un acto complejo sino de uno derivado de un procedimiento y lo que BIELSA señala es normal en todo caso de actos dictados como consecuencia de un trámite procedimental. *Infra* (IV) revisaremos algunos criterios jurisprudenciales venezolanos sobre la calificación como complejos de ciertos actos, por el hecho se ser producidos al final de un procedimiento.

56   Agregan que "no es difícil de demostrar" que "los actos integrantes de la serie no pierden totalmente su sustantividad" y que resulta "claro que cada uno de (...) responde a unas reglas propias de validez y resulta, incluso, en un procedimiento específico, distinto del procedimiento principal que en cada caso se considere" *(ob. cit,* I, p. 425).

57   Para GARCÍA DE ENTERRÍA y FERNÁNDEZ no es tampoco difícil explicar, "sin necesidad de acudir a elaboraciones que transforman visiblemente la realidad, en qué consiste la instrumentalidad que se predica de los actos intermedios respecto de la resolución final", pues en definitiva "todo se reduce a un problema de articulación técnica de la actividad de una pluralidad de sujetos (y de órganos) en el seno de una relación jurídica (distinta de las relaciones materiales subyacentes), que se traba entre la Administración y quien tiene la condición de parte (...) y en cuyo seno se coordinan las distintas intervenciones en torno a un vínculo (...) que se mantiene a lo largo de una serie de fases o momentos que culminan con la decisión final". Por ello, el procedimiento no se resumiría "en un acto de naturaleza compleja —la resolución—, en el que vendrían a fundirse, perdiendo su propia identidad, todos los anteriores a él, ni tampoco consiste en un mero agregado de actos heterogéneos por su origen y por su contenido, carentes de toda relación estructural entre sí". Se trataría "más bien, de una cadena, cuyos distintos eslabones aparecen articulados a través de un vínculo común, sin merma de su individualidad propia, en orden a un fin único a cuya consecución coadyuvan" *(ob. cit.,* I, p. 426).

58   Ver GASPARRI, *Lezioni di Diritto Amministrativo,* Vol. I, Edizioni Universitarie Malfasi, s.f., p. 319. Para la profesora RONDÓN DE SANSO, la tesis de Gasparri es "particularmente interesante (...) por cuanto a través de la misma se sistematizan una serie de figuras e instituciones que no son generalmente correlacionados" *(Procedimiento..., cit,* p. 42).

59   GASPARRI, *Lezioni..., cit,* Vol. I, pp. 319-ss.

también llama continuados) por un lado, y pluripersonales por el otro, según provengan de un órgano o de varios. Aquí encontramos otra gran diferencia con lo expuesto en páginas precedentes: existirían actos complejos emanados de un solo órgano, cuando nosotros hemos afirmado como nota característica la existencia de más de un autor. Ahora, tal posición se entiende con facilidad al observar que él concibe como complejos a la diversidad de actos tendientes a un fin, sean estos dictados en el curso de un procedimiento, por distintos órganos —a la vez o en momentos sucesivos— o por la misma persona en distintos momentos[60]. En fin, los actos complejos no serían actuaciones aisladas sino un conjunto de actos que se dirigen a un mismo fin. Se entiende así porqué ubica en esa categoría a los procedimientos —que son varios actos— y a los actos monopersonales continuados, que son también varios.

Apartando tan exagerada concepción, compartimos plenamente lo expuesto por la Profesora *Rondón de Sansó* para quien resulta evidente que el procedimiento administrativo no puede ser ni equiparado ni comparado con las "categorías de actos compuestos, dentro de las cuales destaca la del acto complejo", por cuanto "el mismo es la noción que alude a las secuencias que se dan para su formación, por lo cual se trata de ideas distintas y, por lo cual, no equivalentes"[61]. Intenta en esta forma poner de relieve la gran diferencia existente entre figura y otra, consistente en que el acto es una noción de tipo sustantivo, mientras que el procedimiento lo es de tipo adjetivo: el primero es una declaración, el segundo es la vía para producirla.

---

60   Para abundar sobre la tesis de GASPARRI, ver: *Corso...*, *cit*, Vol. II, pp. 40 a 189; y sus *Lezioni...*, *cit.*, Vol. I., pp. 318-354. Asimismo, pueden consultarse los comentarios que realiza RONDÓN DE SANSO en: *Procedimiento...*, *cit.*, pp. 42-45.

61   RONDÓN DE SANSO, *Procedimiento...*, *cit*, p. 45.

III

EL ACTO COMPLEJO EN LA DOCTRINA VENEZOLANA

Ya hemos expuesto las notas definidoras del acto administrativo complejo y hemos intentado distinguirlo de algunas figuras con las que puede confundirse. Para ello en ocasiones incluimos referencias a la opinión de distinguidos autores nacionales, pero , reservamos esta parte para la reseña más detallada de la doctrina venezolana, incluyendo personas mencionadas precedentemente y otras que hasta el momento no hemos citado. Debemos reconocer, sin embargo, que nuestros autores han dedicado poca atención escrita a este tema, con la excepción de Juan *De Stefano* e Hildegard *Rondón de Sansó*, quienes sí han dedicado algunas notas sobre el particular. Aparte de ellos, recurriremos a trabajos de los reconocidos profesores *Andueza, Brewer-Carías, Lares Martínez, Moles Caubet, Pérez Luciani* y *Tinoco Richter;* para extraer el alcance que conceden a la noción a partir de pequeñas o incidentales referencias a ella[1].

Guiados exclusivamente por una finalidad sistemática, hemos dividido nuestra doctrina en cuatro, de acuerdo con el criterio de concepción del acto complejo que entendemos que orientan sus comentarios. Por ello, esta parte se compone de cuatro secciones según se realice la calificación de los actos complejos: (1) como opuestos

---

1   Son ellos los ocho autores de los que conocemos referencias a los actos complejos, de los que podemos extraer así sea por vía de algún ejemplo, su posible significado. Además de los mencionados, ARAUJO JUÁREZ ha escrito sobre la diferencia entre procedimiento administrativo y acto complejo —que ya reseñamos y compartimos plenamente—, pero no señala el sentido que cree que esta última noción tiene, limitándose a exponer —con gran claridad— el punto central de su estudio: el que no puede concebirse, al procedimiento como una noción sustantiva, como sí lo sería el acto complejo (*ob. cit,* p. 38). Por ello no lo incluimos en este capítulo. También los profesores RACHADELL (*"Los convenios...",* cit.*)*, y SOSA GÓMEZ *(ob. cit.)* han empleado el término, pero para repetir la calificación que la Corte Suprema de Justicia hizo como tales a los convenios cambiarios. Igualmente lo hace Henrique IRIBARREN, en unos comentarios al conocido caso "Conindustria" ("Notas sobre algunos problemas jurídicos derivados de la adopción del decreto N.º 76 y del convenio cambiarlo N.º 1", en: *RFD-UCAB,* N.º 93, 1991, pp. 261 y 262). A estos tres últimos autores tampoco los incluimos en esta reseña porque se limitan a indicar una utilización del término por la Corte, sin expresar su propio criterio sobre el particular, al ser innecesario para el análisis de los casos que constituían el objeto de sus trabajos.

totalmente a los actos simples, (2) como una sub-especie de actos pluriorgánicos, (3) como suma de actos preparativos de la voluntad administrativa contractual y (4) como una conjunción de actos de diferente naturaleza. Debemos advertir que tal sistematización obedece, como indicamos, a un deseo de clasificación de las ideas de los autores que reseñaremos, pero reconocemos que debido a las pequeñas referencias que en ciertos casos hacen, resulta prácticamente imposible que cuente con precisión. En esta forma, los autores que citaremos pudieran concebir algunos actos como complejos y al no ser parte de los comentarios escritos que estamos resumiendo, no es posible incluirlos. No pretenden ser las páginas que siguen, entonces, la síntesis de nuestra doctrina, sino la exposición de ciertas ideas que puedan servir de base para el estudio de esta figura y en particular del alcance que entre nosotros se le da[2].

1. *Actos complejos como opuestos totalmente a los simples:*

En nuestra doctrina, basados en el criterio de clasificación de los actos administrativos según el número de emisores, encontramos autores que optan por una sencilla división en simples y complejos, mientras que otros adoptan una más amplia: una clase de actos monorgánicos y varias de pluriorgánicos. Como se deriva de nuestras anteriores consideraciones, no compartimos la primera de las concepciones —que podemos atribuir entre nosotros a *Tinoco Richter* y *Lares Martínez* —, puesto que todo acto emanado de varios órganos no es necesariamente complejo, por lo que esa clasificación sería incompleta. A continuación revisaremos lo sostenido por los autores mencionados.

Tinoco Richter distingue entre actos simples, complejos y colectivos, pero no realiza mayores consideraciones. Solo indica que los primeros emanan de una sola autoridad; los segundos requieren "la manifestación de voluntad de varias autoridades o el concurso de varios actos para el mismo fin"; y los terceros provienen de un órgano pluripersonal[3]. A simple vista se observa que adopta una división que incluye los tres tipos de actos que nosotros concebimos: simples,

---

2   La observación la hacemos sobre todo en el caso de los Profesores ANDUEZA y BREWER-CARIAS, de quienes solo conocemos comentarios sobre asuntos específicos en los que deslizan referencias a los actos complejos, como lo son el caso de las leyes aprobatorias de contratos de interés nacional y el de los contratos administrativos, respectivamente. Además, debe advertirse que en el caso de ANDUEZA sus comentarios se limitan a un supuesto de acto estatal, pero que no tiene carácter administrativo.

3   TINOCO RICHTER, *ob. cit.*, p. 551. En otro trabajo se limita a señalar la existencia de tal clase de actos, sin precisar su alcance (*Nociones de Derecho Administrativo y Administración Pública*, Ed. Yocoima, México, D.F., 1979, p.78).

complejos y colectivos; sin embargo, se notará que los últimos no son sino actos simples colegiales, según la forma en que los hemos conceptuado[4]. Por ello, lo incluimos entre los autores con clasificación bipartita, al concebir una sola clase de actos pluriorgánicos, aunque dos de actos monorgánicos (monopersonales o simples y pluripersonales o colectivos). Califica como complejos a los que requieren la manifestación de voluntad de varias autoridades, con lo que no concede relevancia alguna a las diferencias que pueden existir en los distintos supuestos de reunión de órganos para emitir un acto. Poca importancia tendría el que actúen en ejercicio de competencias compartidas o el que exista fusión de voluntades en virtud de la consecución de un mismo efecto y la orientación por una misma finalidad, lo que no nos parece acertado, pues se pierden de vista las consecuencias de interés que puede revestir la determinación de tal distinción. Además es fácil advertir cierta asimilación que plantea entre el acto complejo y el procedimiento administrativo, puesto que hace alusión "al conjunto de varios actos para el mismo fin", asunto sobre el que nos hemos detenido ya lo suficiente.

El Profesor Eloy *Lares Martínez* ubica la distinción entre simples y complejos dentro de la clasificación de los actos administrativos "desde el punto de vista subjetivo u orgánico", es decir —usando sus expresiones— tomando en cuenta el número de órganos que participan en la formación del acto[5]. Para él, actos simples "son aquellos formados mediante la declaración de un solo órgano del Estado, que puede ser unipersonal o colegiado", mientras que los complejos "son aquellas declaraciones para cuya elaboración es necesaria la intervención de dos o más órganos de la administración"[6]. Como se observa y a diferencia de *Tinoco Richter*, este autor hace mención a los actos colegiales entre los simples, por emanar de un solo órgano, aun cuando esté compuesto por varias personas[7]. Además, en principio parece ser bastante riguroso con la figura de los actos complejos, puesto que afirma que para que pueda hablarse de ellos "se requiere la unidad de contenido y (...) de fin de las diversas voluntades que se funden para

---

4   Ver *supra* (II.3) las críticas que formulamos a la calificación de los actos colegiales como una categoría distinta a los simples, debido a la carencia de importancia del carácter pluripersonal de los órganos colegiados a los efectos de la clasificación de los actos según el número de autores.

5   LARES MARTÍNEZ, *ob. cit*, p. 146.

6   *Idem.*

7   Escribe que una multa impuesta a un contribuyente "es un acto simple, emanado única y exclusivamente del Administrador de rentas", al igual que lo son los actos "que dimanan de un cuerpo colegiado, tales como un Consejo Universitario y un Concejo Municipal (...) por cuanto devienen de un solo órgano", pero que, como ese solo órgano es colegiado, los actos "que de él provienen se llaman colegiales" (LARES MARTÍNEZ, *loc. cit*).

formar un solo acto"[8] y señala como ejemplos a la resolución "firmada por dos o más ministros" y a los decretos dictados por el Presidente de la República con refrendo ministerial. Ahora, pese a esa rigurosidad —que implicaría que no todo acto pluriorgánico es complejo— no incluye en su clasificación ninguna otra actuación dictada por varios órganos, con lo que quedaría incompleta. Por tal razón, lo ubicamos también en esta primera concepción que opone acto monorgánico (simple, sea colegial o no) a complejo.

Apartando tal incongruencia, una importantísima observación realiza *Lares* sobre el momento en que deben intervenir los órganos para que el acto en el que participan se pueda considerar como complejo. Señalamos ya que según algunos autores en el acto complejo la intervención de los diversos órganos puede ser producida a la vez o en forma sucesiva, mientras que para otros solo puede ser simultánea. *Lares* se inclina por la segunda posición y así lo confirman los ejemplos de la resolución conjunta y el decreto presidencial con refrendo ministerial. En tal sentido, afirma que el procedimiento administrativo "generalmente abarca un conjunto de actos preparatorios o de trámite, antes de culminar en la decisión final", y que cada uno de tales actos "en sí, es perfecto, y mal puede hablarse, si diferentes órganos fuesen autores de esas decisiones, de que la declaración última pueda ser considerada un acto complejo"[9]. Compartimos tal parecer y —creemos— que es el que menos problemas apareja, reservando la noción a estrechos límites y permitiendo delimitar con precisión cuando se trata realmente de un acto complejo y cuando de actos definitivos dictados —como es lo normal— a través de un procedimiento, integrado por toda clase de actos preparatorios o de trámite.

También se refiere *Lares Martínez* al caso en que la intervención del otro órgano sea posterior a la emisión del acto, como en las aprobaciones, en el cual niega que nos encontremos ante un acto complejo porque aquéllas solo son "una condición suspensiva de cuyo advenimiento depende la eficacia" de ciertos actos administrativos, pero cuya falta no genera "la inexistencia del acto, ni (...) su invalidez"; solo que "mientras esta no haya sido impartida, no produce efectos"[10]. Por ello, concluye que "el acto sujeto a aprobación y la aprobación misma son

---

8 *Idem.*

9 LARES MARTÍNEZ, *ob. cit,* p. 147.

10 Al igual que —agrega— "(...) una ley regularmente sancionada no comienza a ser obligatoria antes de ser publicada", sin que "la falta de publicación de la ley, e igualmente la falta de aprobación del acto sujeto a ella", constituya "irregularidad jurídica alguna" *(loc. cit).*

dos actos simples, perfectamente individualizados el uno y el otro"[11]. Coincidimos en la negación del carácter complejo de la suma de los actos aprobatorio y aprobado y de ellos en sí mismos considerados, porque la sola existencia de medios de control no complejiza ninguna actuación; pero reiteramos nuestro criterio sobre la imposibilidad de concluir en que se trata irremediablemente de acto simples, ya que pudieran no serlo, porque la calificación como simple o complejo no deriva ni de la necesidad de ser aprobado ni de ser el aprobatorio ni de ser la unión de ambos, sino de las cuatro notas que hemos enumerado en su oportunidad[12].

2. *ACTOS COMPLEJOS COMO UNA SUB-ESPECIE DE ACTOS PLURIORGÁNICOS:*

A diferencia de los dos anteriormente citados, otros autores oponen a los actos simples varias clases de actos pluriorgánicos: es el caso de *De Stefano, Moles Caubet, Pérez Luciani y Rondón de Sansó*, a quienes de inmediato comentaremos.

De *Stefano* clasifica a los actos administrativos, "desde el punto de vista de los sujetos", en simples, complejos, colectivos y contratos entre entes públicos[13]. Los primeros son los que "se concretan en la manifestación de voluntad de una sola entidad de la administración pública, o de un solo órgano de ella". En el resto participan varios, pero con ciertas diferencias: en los contratos entre entes públicos "las voluntades de las partes (...) no se funden en una por cuanto tienen finalidades distintas"; sobre los otros dos actos pluriorgánicos — colectivos y complejos— coincide con lo que expusimos anteriormente, sobre todo en lo relativo a la necesidad de fusión de voluntades manifestadas para un idéntico propósito que se debe producir en los últimos y que no se da en los primeros[14]. Dos observaciones, sin embargo, creemos necesario hacer: no compartimos la idea de que los contratos sean actos administrativos[15] ni consideramos acertado señalar que un acto simple puede ser producto de la voluntad de un solo órgano o "entidad de la administración pública", ya que de ser como *De Stefano* señala, todos los actos unilaterales de la administración serían simples y solo ejemplos como el de los llamados convenios cambiarios serían complejos por ser resoluciones dictadas conjuntamente por la República y el Banco Central de Venezuela, que son dos personas distintas. En cambio, los decretos presidenciales refrendados por

---

11   *Idem.*

12   Ver *supra* (I.2).

13   DE STEFANO, *ob. cit.,* p. 18.

14   DE STEFANO, *ob. cit,* pp. 18-24.

15   Ver *supra* (II.2).

ministros serían simples, porque se imputan a la República que es la persona jurídica por la que ellos actúan. Estimamos mejor indicar que un acto simple emana de un solo órgano y no de una sola entidad.

La Profesora *Rondón de Sansó* se refiere al acto complejo con la finalidad de distinguirlo del procedimiento administrativo, pues — recordemos lo expuesto en la segunda parte de este trabajo— según ella ambas nociones han estado "tan estrechamente entrelazadas en la doctrina", que la formulación teórica del procedimiento se realizó, en gran parte, a través de la búsqueda de una diferencia con el primero[16]. Ella no señala su concepto del acto complejo, pero considera que se trata de una especie de los compuestos y niega la posibilidad de equipararlos al procedimiento administrativo, por cuanto este no es más que la secuencia que debe darse para formar el acto. No indica cual sería la otra especie dentro de dicho género próximo, pero ello es irrelevante a nuestros efectos, al estarnos limitando a enunciar las tesis que conciben varios tipos de actos pluriorgánicos.

En tercer lugar, el Profesor *Moles Caubet* realiza un breve comentario sobre el procedimiento administrativo y destaca que el estudio del mismo lo ha llevado a cabo principalmente la doctrina italiana, partiendo "de las distintas combinaciones entre actos administrativos". Dicha combinación podría "presentar una complementariedad, que tiene lugar cuando el efecto jurídico a producir no dimana de cada uno de los actos sino del concurso de todos ellos". En esos casos surgiría un acto complejo[17], el cual "resulta de la concurrencia de dos o más figuras subjetivas —órganos o entes— que, con voluntades independientes, promueven la obtención de un mismo resultado". Según él, "las figuras subjetivas, autoras del acto, aparecen como una parte única en las relaciones que surjan frente a terceros"[18]. En su criterio, en el ordenamiento jurídico venezolano el "caso más frecuente" de acto complejo "lo constituye el refrendo ministerial de los actos del Presidente de la República", conforme al artículo 190 de la Constitución[19].

Es demasiado breve la referencia que hace *Moles Caubet* como para extraer conclusiones claras. Pareciera hacer alusión a la tesis sustancialista del procedimiento y concebir al acto complejo como una combinación de actos administrativos emitidos en un proceso. Sin embargo, el ejemplo que proporciona permitiría concluir que en realidad se trata de una combinación de voluntades de diversos

---

16   Ver *supra* (II.4).

17   MOLES CAUBET, *ob. cit*, p. 16. A él nos referimos al mencionar la clasificación de actos administrativos complejos en iguales y desiguales (ver supra, 1.3.1).

18   MOLES CAUBET, *ob. cit*, p. 16.

19   *Idem.*

órganos dirigidas u obtener un efecto común. Serían voluntades que se complementan pero que no producen actos diversos sino uno solo: el producto de las distintas declaraciones. Cada acto al que hace mención, entonces, sería una de las declaraciones de los órganos intervinientes. Habría un solo acto (decisión), varios autores (y por ello varias manifestaciones de voluntad) y un efecto[20].

El Profesor *Pérez Luciani*, por último, realiza consideraciones sobre los actos complejos al analizar los casos de los contratos de interés nacional y de los decretos presidenciales sobre salarios, los cuales requieren aprobación del Congreso de la República, de acuerdo con la Constitución y la Ley Orgánica del Trabajo, respectivamente[21]. Este autor no llega a escribir sobre los diversos tipos de actos de acuerdo con el número de sus autores, pero sí es claro al expresar que los complejos son únicamente una categoría de actos pluriorgánicos y condena, inclusive, el indebido uso que se ha dado a aquéllos en la jurisprudencia venezolana en el caso concreto de los contratos aprobados por ley. Son de valiosa ayuda sus observaciones, toda vez que plantea el tema de la posibilidad o no de intervención sucesiva de órganos en la emanación del acto, ya sea anterior o posterior a su producción.

En primer lugar, analiza la sentencia de la Corte Suprema de Justicia que decidió la demanda de anulación por inconstitucionalidad de la ley aprobatoria de un contrato de interés nacional[22], en la que se sostuvo que la ley y el contrato eran, "en su conjunto, un acto complejo, integrado, en forma evidentemente conexa, por actos que respectivamente emanaron del Poder Legislativo, del Poder Ejecutivo y de una entidad (...) particular"[23]. Criticando tal afirmación, estima *Pérez Luciani* que únicamente "se puede hablar de un acto único en aquellos casos en que varias actividades estén dirigidas a un único fin, unidas entre sí por vínculos de interdependencia funcional tan

---

20   Reconoce, por último, que los actos colegiales "suelen considerarse, aún cuando no pacíficamente, una sub-especie de los actos complejos", pero no menciona su parecer al respecto *(ob. cit,* p. 17).

21   Para el primer caso, ver: PÉREZ LUCIANI, *"El control... ",* cit. Para el segundo de ellos, ver: *"Los decretos ejecutivos...",* cit.

22   Se trataba del recurso intentado por el Síndico Procurador de la Municipalidad del Distrito Federal contra el artículo 20 de la Ley aprobatoria del contrato celebrado entre el Ejecutivo Federal y el Banco de Venezuela, sancionada por el Congreso el día 20.6.1940 (publicada en la G.O. N.º Ext. del 29.6.1940 y reimpresa, por error de copia, en la G.O. N.º 20.306 del 8.10.1940). Dicho contrato fue prorrogado y la ley aprobatoria de tal extensión se publicó en la G.O. N.º 24.497 del 21.7.1954.

23   Sentencia del 15.3.1962 con ponencia de José Gabriel SARMIENTO NÚÑEZ (publicada en la G.O. N.º 760 Ext. del 22.3.1962). Extractos pueden verse en: Allan BREWER-CARIAS, "Los contratos administrativos en la jurisprudencia administrativa venezolana", en: *RFD-UCV,* N.º 26, 1964, pp. 137-140; y en: BREWER-CARIAS, *Jurisprudencia, cit,* T. III, p. 191.

íntimas, que se les puede concebir como constitutivas de una sola unidad orgánica[24]. Para él, en estos casos "la invalidez de uno de los componentes vicia todo el acto y, por consecuencia, la de todos los otros componentes"[25]. No es lo que sucedería en el supuesto de los contratos aprobados por ley, por lo que no entiende la razón de haberlos considerados cómo complejos.

Similares consideraciones hace *Pérez Luciani* en el caso de los decretos dictados con fundamento en las atribuciones que confiere al Presidente de la República el artículo 138 de la Ley Orgánica del Trabajo para aumentar los salarios de los trabajadores[26], los cuales deben ser conocidos por el Congreso de la República[27], así como en el de los decretos de fijación de salarios mínimos, previstos en el artículo 172 *ejusdem,* para los que no se establece expresamente la exigencia de aprobación, aunque ello se desprende de la ley a pesar de la forma algo enrevesada en que están previstas esta facultad y su correspondiente control[28]. Luego de esbozar diversas tesis que

---

24   PÉREZ LUCIANI, *"El control... ",* cit, p. 226.

25   PÉREZ LUCIANI, *"El control...",* cit, p. 226. Volveremos sobre las ideas de este autor al tratar, en el capítulo siguiente, el caso concreto a que hace referencia (IV.1.1).

26   Artículo 138 de la Ley Orgánica del Trabajo (encab.): "El salario debe ser suficiente para el sustento del trabajador y de su familia. Los aumentos y ajustes que se le hagan serán preferentemente objeto de acuerdo. En caso de aumentos desproporcionados del costo de vida, el Ejecutivo Nacional (...) podrá decretar los aumentos de salario que estime necesarios para mantener el poder adquisitivo de los trabajadores".

27   Artículo 22 de la Ley Orgánica del Trabajo: "Los Decretos que dicte el Ejecutivo Nacional de conformidad con lo previsto en los Artículos 13 y 138 de esta Ley, deberán someterse a la consideración de las Cámaras en sesión conjunta o de la Comisión Delegada (...). Las Cámaras en sesión conjunta, o la Comisión Delegada según sea el caso, decidirán la ratificación o suspensión de los Decretos dentro de los diez (10) días siguientes a la fecha de recepción. Parágrafo Primero: En caso de pronunciarse por la suspensión, el Congreso o la Comisión Delegada, según sea el caso, podrá recomendar al Ejecutivo Nacional la elaboración de un Decreto modificado. Parágrafo Segundo: Si transcurrido el lapso indicado, las Cámaras en sesión conjunta o la Comisión Delegada, según sea el caso, no se hubieren pronunciado sobre la decisión sometida a su consideración, esta se considerará ratificada".

28   Según ese artículo 172 "(...) el Ejecutivo Nacional, en caso de aumentos desproporcionados del costo de vida (...) podrá fijar salarios mínimos obligatorios de alcance general o restringido según las categorías de trabajadores o áreas geográficas, tomando en cuenta las características respectivas y las circunstancias económicas. Esta fijación se hará mediante Decreto en la forma y con las condiciones establecidas por los artículos 13 y 22 de esta Ley". El primer párrafo del artículo 13 prevé que: "El Ejecutivo Nacional tendrá las más amplias facultades para reglamentar las disposiciones legales en materia de trabajo, y al tal efecto podrá dictar Decretos o Resoluciones Especiales y limitar su alcance a determinada región o actividad del país". El artículo 22 —al que también alude el 172— lo transcribimos en la nota anterior y en él se prevé la necesidad de actuación del Congreso en el caso de los artículos 13 (amplias facultades de reglamentación) y 138 (aumento de salarios). Nada dice sobre el artículo 172 (fijación de salarios mínimos), pero tal facultad debe ejercerse "en la forma y con las condiciones" de los referidos artículos 13 y 22.

pudieran explicar el momento de entrada en vigencia de los decretos en referencia[29], afirma que no se trata de actos complejos, ya que en estos últimos las voluntades deben ser "colaborativas" y concurrir "a un mismo fin", puesto que sus autores "constituyen una sola parte de la relación, por lo menos frente a terceros"[30]. Expone que los decretos de aumentos de salarios o de fijación de salarios mínimos tienden "a satisfacer un interés público sectorial, como lo es el bienestar de la clase trabajadora", mientras que el fin de los actos parlamentarios "es el de conformar o no la decisión adoptada por el Ejecutivo y aceptar o diferir de este respecto al cuidado del interés público que le fue encomendado"[31]. Es clara aquí la referencia a la existencia de actos diversos —aprobado y aprobatorio— y a las distintas finalidades que se cumplen con la actuación del Ejecutivo y del Congreso.

3. *ACTOS COMPLEJOS COMO SUMA DE ACTOS PREPARATIVOS DE LA VOLUNTAD ADMINISTRATIVA CONTRACTUAL:*

El Profesor *Brewer-Carías* se ha referido incidentalmente al tema de los actos complejos, al tratar el proceso de formación de la voluntad estatal en los denominados contratos administrativos[32]. Ha señalado este autor que el "proceso de formación de la voluntad administrativa en la celebración de los contratos comprende la realización de una serie de formalidades previas y posteriores al acto de conclusión del contrato, que configuran actos complejos", agregando que cada una de ellas tiene "diferente valor en cuanto a sus efectos sobre los contratos"[33]. Tales formalidades podrían ser anteriores, simultáneas o

---

29   Debido a las dificultades que genera la participación de Congreso y la posibilidad de ratificar o suspender el decreto ya dictado.

30   PÉREZ LUCIANI, "Los *decretos ejecutivos...* ", *cit.,* p. 287.

31   *Idem.*

32   Sobre este tema de los contratos administrativos y el de la formación de la voluntad de la Administración, en la doctrina venezolana recomendamos principalmente la consulta de los trabajos publicados por este mismo autor: *Contratos Administrativos,* EJV, Caracas, 1992; "La evolución del concepto de contrato administrativo", en: *Libro Homenaje al Profesor Antonio Moles Caubet,* T. I, UCV, Caracas, 1982; "La formación de la voluntad de la Administración Pública Nacional en los contratos administrativos", en: *RFD-UCV,* N.º 28, 1964, pp. 61-112 y en: *Jurisprudencia...,* cit, T, III, Vol. 2, UCV, Caracas, 1977, pp. 443-498; *Las Instituciones Fundamentales del Derecho Administrativo y la Jurisprudencia Venezolana,* UCV, Caracas, 1964; *Los contratos administrativos en la jurisprudencia administrativa venezolana",* cit; "Los contratos de la Administración en la doctrina administrativa de la Consultoría Jurídica, en: *RMJ,* N.º 48, 1964, pp. 27-75; y "Los contratos de la Administración en la doctrina de la Procuraduría General de la República, en: *RFD-UCV,* N.º 30 (1964, pp. 172-232) y 31 (1965, pp. 269-299).

33   BREWER-CARIAS, *Contratos...,* cit, p. 75. Luego veremos como la Procuraduría General de la República ha recurrido a estas mismas palabras para calificar como complejos a los procesos de formación de la voluntad administrativa contractual (*infra,* V.3).

subsiguientes a la conclusión del mismo[34] y consistir, por ejemplo, en la exigencia de consultas a determinados órganos —sean vinculantes o no— o en la necesidad de aguardar por la decisión de un órgano de control, ya sea de tipo político o financiero[35].

De lo reseñado es muy poco lo que puede desprenderse acerca del criterio sustentado por *Brewer-Carías* sobre la noción de acto complejo. Sin embargo creemos que puede entenderse, sin perjuicio de que considere que existen otros más —debemos recordar que citamos solo una referencia incidental—, que son necesariamente complejos los actos dirigidos a formar la voluntad de la Administración para la celebración de un contrato. Entendemos que califica como tales a la suma de los distintos actos que deben producirse para habilitar al órgano competente para proceder a la conclusión del mismo. Sin decirlo, se estaría inclinando por la consideración de que la reunión de diversas actuaciones en el curso de un procedimiento constituyen actos complejos. La complejidad no estaría en el acto final de manifestación de voluntad para celebrar el convenio —habilitado por los actos previos o que surtirá efecto luego de ciertas actuaciones posteriores— sino en la suma de todo ello. La voluntad final de la Administración la expresaría el órgano competente, pero —lo que es indiscutible— no es únicamente producto de la intención de la persona natural que lo forma —o de las varias si es de carácter colegiado— sino que es el resultado de una secuencia procedimental, que incluye consultas y controles, entre otras formas de actuación. Allí estaría la complejidad —en el proceso—, lo que sí es discutible.

De ser así, la opinión de *Brewer-Carias* contraría los postulados de los que hemos partido, pues expresamente excluimos de la noción de acto administrativo complejo a los procedimientos. Incluso serían actos complejos, de aplicar las ideas de este autor, no solo los integrantes del proceso de formación de la voluntad administrativa contractual, sino también la generalidad de actos administrativos que requieran un procedimiento para que se legitime la expresión de voluntad del funcionario competente, por cuanto sabemos que independientemente

---

34 BREWER-CARIAS, *Contratos...*, *loc. cit.*

35 Comenta BREWER-CARIAS que ciertas formalidades son esenciales para la formación de la voluntad administrativa, por lo que los contratos concluidos por órganos de la Administración sin haber solicitado, por ejemplo, la opinión previa de un órgano consultivo-contralor cuando estaba obligado a hacerlo, o sin haber acatado la opinión desfavorable a su celebración cuando estaba constreñida a obtener opinión favorable para contratar, no obligan al Estado (*Contratos...*, *cit.*, p. 77). En todo caso, recuerda que no existe obligatoriedad de celebrar contratos aunque ya se hubiere obtenido el visto bueno del órgano contralor (*Contratos...*, *cit.*, pp. 83-84).

de la atribución legal para actuar, solo al cumplirse ciertas exigencias puede dictarse válidamente un acto[36].

4. *ACTOS COMPLEJOS COMO UNA CONJUNCIÓN DE ACTOS DE DIFERENTE NATURALEZA:*

Por último, entre los ocho autores nacionales cuyas observaciones escritas sobre la noción de acto complejo citamos, encontramos al Profesor José Guillermo *Andueza*, a quien hemos ubicado dentro de una cuarta posibilidad de concepción de la misma: como un conjunto de actos de distinta naturaleza[37]. Específicamente se refiere al caso de la posibilidad de solicitar su anulación ante la Corte Suprema de Justicia de la ley aprobatoria de un contrato celebrado por el Estado, pues para la fecha de su estudio se dudaba de su impugnabilidad por diversas razones[38]. Para concluir en la procedencia de recursos contra ella, comienza *Andueza* por sostener que la "situación especial de los contratos de derecho público" llevó a la doctrina, particularmente a Gastón *Jéze*, "a calificarlos como actos complejos, pues "comprenden al lado de un contrato propiamente dicho, una ley o un reglamento". En tal afirmación basa su exposición, que es bastante breve.

Como *Andueza* se apoya en *Jéze*, resumiremos en algunas líneas la opinión de este. Ante todo, debe observarse que *Jéze* no une los actos como si se tratara de uno solo, sino que los relaciona a ciertos efectos y los distingue a otros; es decir, cree que existe una vinculación entre los actos sin que se fusionen. Para él "nada sería más peligroso que creer que las expresiones (...) ley presupuestaria, ley financiera, se refieren a un acto jurídico simple cuya naturaleza jurídica es fácil de desentrañar", sino que en realidad "se trata de una mezcolanza de actos (...) de diferente naturaleza, reunidos en un mismo documento" o, en otras palabras, "un *potpourri* de actos"[39]. Además de esas leyes

---

36   Como señala ARAUJO JUÁREZ, los actos administrativos —como en cualquier acto de personas morales— son el "resultado de un entrecruzamiento de pareceres y fusión de voluntades", por lo que no "es síquico, sino jurídico, el camino de formación de la voluntad de las personas jurídico-públicas". Así, destaca que en la voluntad administrativa "se destacan distintos momentos, comenzando con la intención del órgano del cual emana, continuando con el procedimiento establecido para la determinación o elaboración de esa voluntad y, finalmente, su declaración o exteriorización, que es cuando alcanza resonancia jurídica" (*ob. cit*, p. 33).

37   ANDUEZA, *La jurisdicción constitucional en el Derecho venezolano*, 2.º ed., UCV, Caracas, 1974, pp. 71-77.

38   Entre otros motivos se alegaba la falta de carácter material de la ley aprobatoria y la imposibilidad de que el Estado declare unilateralmente la nulidad de un contrato (ver: ANDUEZA, *La jurisdicción constitucional en el Derecho venezolano, cit.*, pp. 75-77). Sobre este punto ver asimismo *infra*, IV.1.1.

39   JEZE, *ob. cit.*, T. I, p. 66. Contrariamente a esa afirmación, el español Álvaro RODRÍGUEZ BEREIJO analiza la naturaleza jurídica de la Ley de Presupuesto y la conocida y quizás

expone otros casos, como ejemplos de esa mezcla[40]. Ahora bien, lo que calificaría a un acto en esos supuestos como complejo es el producir diferentes efectos jurídicos. Así, señala que cuando "por el análisis del contenido, se ha llegado a desentrañar un acto (...) que parecía simple, es preciso todavía averiguar si (...) posee un efecto jurídico único, o si (...) contiene varios (...) distintos". Estima que el último caso no habría "un acto jurídico simple, sino un acto complejo, un agregado de actos jurídicos con naturalezas diferentes, según el efecto (...) que se considere". Toma como ejemplo al contrato de compra venta, aunque señala que no es ese el único[41].

---

superada discusión sobre su naturaleza como acto administrativo o como ley formal y comenta que el presupuesto no puede ser considerado como "un acto complejo (acto administrativo y ley formal) sino un acto unitario que no cabe escindir, puesto que una parte —el articulado— está estrictamente ligado con la otra —los estados de previsión"— (*El Presupuesto del Estado, Introducción al Derecho Presupuestario*, Ed. Tecnos, Madrid, 1970, p. 20). Para una reseña de la discusión sobre la naturaleza del presupuesto, ver: RACHADELL, Manuel, Lecciones de Presupuesto Público, EJV, Caracas, 1980; CASADO HIDALGO, Luis, "La preceptiva presupuestaria en el Derecho Venezolano", en: *Libro Homenaje al Profesor Antonio Moles Caubet*, T. II, UCV, Caracas, 1981, pp. 697-755; y RIEBER DE BENTATA, Judith, "Límites a la potestad legislativa en la aprobación de la Ley de Presupuesto", en: *Libro Homenaje al Profesor Antonio Moles Caubet, cit*, T. II, pp. 671-695.

40   Como otro ejemplo de "documento que contiene actos jurídicos diferentes" cita al denominado "pliego de condiciones para la concesión de un servicio público", porque en él "se halla contenida (...) la organización del servicio público" y ese acto "tiene un carácter general, impersonal, y un contenido legislativo: es una ley, un reglamento propiamente dicho", pero a la vez existen "cláusulas que determinan, de manera particular, las tarifas que deben pagarse al concesionario X, como asimismo sus obligaciones particulares", las que "carecen de carácter legislativo" sino que "son actos creadores de situaciones jurídicas individuales, actos-condiciones, etc.". Por tal conjunción de actos, para JEZE "el jurista debe proceder, en cada cuestión suscitada por el pliego de condiciones, a un análisis minucioso, para averiguar lo que es ley o reglamento" y "lo que es contrato o acto-condición", porque el "hecho de que todos estos actos se hallen reunidos en un mismo documento, no tiene ninguna importancia jurídica". Comenta también el caso de la expropiación por causa de utilidad pública, por cuanto a "primera vista parece que allí hubiese un acto jurídico único" cuando en realidad "se trata de un conjunto de actos jurídicos diferentes": "el acto declarativo de utilidad pública, las informaciones, el decreto prefectoral de cesibilidad, el acto de cesión amigable o la sentencia de expropiación, la decisión del jurado, la orden de puesta en posesión, etc.". Para JEZE es un "imposible decir cuál es la naturaleza jurídica del acto de expropiación". Agrega que del mismo modo, "lo que se llama sentencia no es frecuentemente un acto jurídico simple, sino un conjunto de actos jurídicos de diversa naturaleza: declaración, resolución" (*ob. cit*, T. I, pp. 66-67).

41   Señala JEZE que en el derecho francés, el contrato de compra-venta "contiene una serie de efectos jurídicos perseguidos por las partes: 1.°) trasmisión de la propiedad de la cosa vendida; 2.°) crédito por el precio; 3.°) obligación de entregar la cosa vendida; 4.°) obligación de garantir al comprador contra las turbaciones de evicción, etc.". Al transferirse la propiedad —recuerda— se coloca al comprador, en relación a la cosa vendida, en el status de propietario, regulado por la ley y que está "fuera de la voluntad de las partes". Por ello, la venta es un acto-condición", es "la condición para que se aplique a un individuo el status legal de propietario, en relación con la cosa vendida".

Para *Andueza*, es correcto el análisis jurídico hecho por *Jéze* sobre el carácter complejo de la suma de actos distintos y lo aplica al caso que hemos mencionado, pues cree que en "el contrato administrativo que requiere aprobación legislativa, no debemos ver un acto único, sino un acto complejo", constituido por el "contrato propiamente dicho —acto administrativo— y la ley"[42]. En esta forma, plantea que son dos actos distintos, pero que forman un conjunto al estar vinculados, y que cada elemento de él podría ser individualmente considerado. Sin embargo, insistimos que la reunión del contrato y la ley no crea un acto complejo, como tampoco lo es un proceso por más que sea un conjunto de actos, con lo que no podemos compartir la opinión de *Andueza*. Sobre este punto nos detendremos en las páginas que siguen al analizar precisamente el primero de los casos jurisprudenciales que expondremos.

Ahora bien, del lado del vendedor —obtención del precio— "se trata de una situación jurídica individual creada por el contrato"; así, desde ese punto de vista la compraventa "no un acto-condición, sino un acto creador de situación jurídica individual, un contrato propiamente dicho". Afirma que la compraventa no es el único acto jurídico complejo. Se llegaría a las mismas comprobaciones con respecto al préstamo, a la locación de servicios o de obra, etc. *(ob. cit,* T. I, pp. 67-68).

42   Advierte, en todo caso, que no debe admitirse "el criterio de la Corte de que la ley aprobatoria del contrato es un acto administrativo", pues este "constituye siempre un acto de ejecución de ley" y la aprobación de un contrato no es "la ejecución de una ley, sino de la Constitución" *(La jurisdicción constitucional en el Derecho venezolano, cit,* p. 75).

IV

EL ACTO COMPLEJO EN LA JURISPRUDENCIA VENEZOLANA

Los tribunales venezolanos en varias oportunidades se han pronunciado sobre la noción de actos complejos, normalmente para calificar a determinados actos como tales, Expondremos en esta cuarta parte los que han sido denominados de esa manera y los compararemos con la definición que hemos formulado previamente. En concreto nuestra jurisprudencia ha calificado como complejos a los contratos de interés nacional y sus leyes aprobatorias, las ventas de ejidos, los convenios cambiarios, los actos integrantes de los concursos para proveer cargos en la carrera judicial, las decisiones en esos concursos, los actos de imposición de multas, los procesos de formación de la voluntad administrativa contractual, los procesos electorales en colegios profesionales, los actos de remoción y retiro de funcionarios públicos, los actos de registro de la deuda pública privada y las ordenanzas de zonificación.

No es difícil observar la profunda diferencia que existe entre cada uno de esos ejemplos, entre los que hallamos algunos que no podemos calificar como actos administrativos, ni es complicado constatar como hay varios casos en que no se trata de actos únicos sino de conjuntos o procesos. Por ello hemos considerado necesario clasificar las sentencias con base en el criterio de definición que, en nuestra opinión, se desprenda de ellas: (1) la conjunción de actos de varios órganos estatales en convenciones con particulares; (2) la concurrencia de órganos emisores; (3) la existencia de procedimiento para la formación del acto; (4) la necesidad de actuaciones previas que sirven de presupuestos habilitantes del acto, (5) el contenido que este pueda tener y (6) sus destinatarios. Veamos cada uno de los casos que encontramos en nuestra revisión.

1. *Actos complejos por la conjunción de actos de varios órganos estatales en convenciones con particulares:*

En primer lugar, la jurisprudencia ha afirmado la existencia de actos complejos con fundamento en el número de órganos estatales que intervengan en la emisión de actos relacionados con convenciones suscritas con particulares. Este criterio se ha empleado al menos en dos casos: el de los contratos de interés nacional y su correspondiente ley aprobatoria y el de los contratos de ventas de ejidos, supuestos en los que obviamente se requiere un proceso previo de formación de la voluntad administrativa.

1.1. *Contratos de interés nacional y sus leyes aprobatorias:*

La Corte Suprema de Justicia, al conocer de la demanda de nulidad de la ley aprobatoria de un contrato de interés nacional[1], consideró que "el acto en referencia es, en su conjunto, un acto complejo, integrado, en forma evidentemente conexa, por actos que respectivamente emanaron del Poder Legislativo, del Poder Ejecutivo y de una entidad (...) particular"[2]. Como se observa, parece entender que se llevó a su conocimiento un solo acto, configurado por la conjunción de dos de diferente naturaleza: el contrato celebrado entre el Estado y un particular y la ley que, en virtud de orden constitucional, dictó el Congreso para darle su aprobación[3]. Además, adopta un criterio de múltiple intervención —sucesiva, por lo demás—, para hacer la calificación: a la participación del Ejecutivo y el administrado, manifestada a través del contrato suscrito, se suma la del Congreso al revisarlo y todas las voluntades reunidas constituirían el acto complejo. De lo expuesto se evidencian tres aspectos que hacen diferir este caso de nuestras afirmaciones de capítulos precedentes: en primer lugar, se considera que dos actos distintos y sucesivos pueden constituir uno solo; en segundo término, se acepta que para formar el acto complejo pueden participar órganos estatales de diversas ramas del poder público —ejecutivas y legislativas— en ejercicio de funciones distintas; por último, se admite que entre los intervinientes

---

1   Según la primera parte del artículo 126 de la Constitución: "Sin la aprobación del Congreso, no podrá celebrarse ningún contrato de interés nacional, salvo los que fueren necesarios para el normal desenvolvimiento de la administración pública o los que permita la ley". Sobre el tema de los contratos de interés público y los de interés nacional, puede consultarse: BREWER-CARIAS, *"La evolución del concepto del contrato administrativo"*, cit., pp. 41-69 y, "Los contratos de interés nacional y su aprobación legislativa", en: *RDP*, N.° 11, 1982, pp. 49-54; CASAL MONTBRUN, Jesús María, "Dictamen", en: *Procedimiento parlamentario para la aprobación de contratos de interés nacional*, Imprenta del Congreso de la República, Caracas, 1973, pp. 41-56; LARES MARTÍNEZ, "Contratos de interés nacional", en: *Libro Homenaje al Profesor Antonio Moles Caubet*, T. I, UCV, Caracas, 1981, pp. 117-141; MELICH ORSINI, José, "La noción de contrato de interés público", en: *RDP*, N.° 7, 1981, pp. 33-63; y PÉREZ LUCIANI, "Contratos de interés nacional, contratos de interés público y contratos de empréstito público", en: *Libro Homenaje al Doctor Eloy Lares Martínez*, T. I, UCV, Caracas, 1984, pp. 91-163.

2   Sentencia del 15.3.1962, citada *supra* (III.2).

3   Son similares a las consideraciones que formula ANDUEZA y que revisamos *supra* (III.4).

puede aparecer un particular y no solo órganos estatales. En relación con cada una de tales diferencias debe observarse:

Es imposible considerar que la intervención sucesiva de distintos órganos puede configurar un acto único porque la suma de dos nunca puede ser uno, tal como lo hemos sostenido con anterioridad[4]. Es por ello que insistimos en que para producir un acto complejo — por ser uno solo— debe existir una actuación simultánea. De ser de otra forma estaríamos afirmando que cualquier acto administrativo surgido luego de un proceso —casi todos— serían complejos. En este caso a todas luces existen dos actos que no deben ser confundidos: contrato y ley[5], por lo que *Pérez Luciani* critica la asimilación realizada en la sentencia y afirma que ambos "tienen entre sí una profunda diversidad funcional y no pueden (...) formar como lo dice la Corte un acto complejo"[6]. Además, denuncia las graves confusiones del fallo al pretender fusionar estos dos actos y que llega al absurdo de considerar que el contrato se transforma en ley al ser aprobado[7]. En otro trabajo, referido esta vez al control jurisdiccional de la leyes aprobatorias de tratados internacionales, sostuvo que estas "no transforman ni convierten los actos a los cuales se refieren en leyes, sino que el acto aprobado y la ley aprobatoria (...) son dos actos diferentes que no llegan a confundirse, ni siquiera llegan a formar lo que vagamente se denomina un acto complejo"[8].

Por otra parte, varias consideraciones pueden realizarse sobre la posibilidad de que en la producción de un acto complejo actúen órganos estatales de diversas ramas del poder público y en ejercicio

---

4   Sobre la distinción entre los contratos y sus leyes aprobatorias, puede verse: BIELSA, *ob. cit*, T. II, pp. 167-170. Comenta, por ejemplo, que en las impropiamente llamadas leyes-contrato hay evidentemente dos actos" (*ob. cit*, T. II, p. 170).

5   ANDUEZA afirma también que son dos actos y que no deben ser confundidos, pero sostiene que su suma da un acto complejo (*supra*, III.4).

6   PÉREZ LUCIANI," *El control...*", *cit*, p. 226.

7   Recuerda PÉREZ LUCIANI que la aprobación "es por lo general un acto que se refiere a la eficacia de un otro acto, que le permite desarrollar sus efectos; pero la aprobación no surte esos efectos, sino el acto aprobado. Los efectos del contrato los produce el contrato, no la ley aprobatoria; la ley aprobatoria posibilita la producción de esos efectos". Si pensáramos, dice este autor, "como hipótesis que el Ejecutivo ha propuesto un contrato para su aprobación, pero las Cámaras Legislativas no han cumplido la tramitación formal exigida por las leyes (...), y sin embargo, es sancionada la ley aprobatoria y luego promulgada y publicada; podría pensarse en extinguir la ley aprobatoria por inconstitucionalidad formal, pero el Ejecutivo no tendría que rehacer de nuevo el contrato presentado a las Cámaras, sino únicamente volverla (sic) a presentar para una segunda aprobación correcta" (*"El control...", cit.*, p. 226).

8   PÉREZ LUCIANI, "El control jurisdiccional de la constitucionalidad de leyes aprobatorias de tratados internacionales", en: *RFD-UCAB*, N.º 4, 1968-1969, pp. 327-328. Compartiendo la idea de este autor sobre la separación entre ley y tratado, ver: LEU, Hans-Joachim, *La conclusión de los tratados internacionales conforme al derecho constitucional venezolano,*

de distintas funciones. Aunque nuestro trabajo está referido a los de carácter administrativo, desde las primeras páginas admitimos que es lógico pensar en la existencia de actos complejos de otro tipo. Sin embargo, lo que sí creemos inconcebible es que para producirlo puedan intervenir órganos estatales que estén ejerciendo funciones diferentes, porque se pierde la unidad de contenido y la de fin que son necesarias para calificarlo, según cuanto hemos expuesto. Nunca el Poder Ejecutivo al celebrar un contrato y el Legislativo al aprobarlo, están actuando con idéntico propósito, sino que el segundo actúa como contralor de la actividad del primero. No es entonces el ser órganos de diferentes ramas, sino el que actúen en diferente función, lo que impediría que se hable en estos casos de un acto complejo, dejando de lado el problema de la participación no simultánea. Igual observación puede hacerse con relación a la tercera diferencia anotada: la participación de los particulares. En efecto, la actuación de estos en un contrato con la Administración no puede tener el mismo objeto que la de esta, puesto que lo que define a una convención es el acuerdo de voluntades, pero con intereses contrapuestos que se satisfarán a través de contraprestaciones diversas a cargo de cada contratante, salvo casos excepcionales en los que la voluntad no es divergente.

En realidad, todo el problema que tenía ante sí la Corte Suprema de Justicia radicaba en la determinación de la posibilidad de conocer de una ley que está íntimamente vinculada a una contratación entre el Estado y un particular, debido a que fue. planteada por la representación de la República y de la entidad privada contratante, la incompetencia del tribunal[9]. La Corte, contrariamente a lo planteado por los defensores de la ley, partió de la afirmación de que "todos los actos del Poder Legislativo y (...) del Poder Ejecutivo, están (...) sometidos a control, respecto a su constitucionalidad" y concluyó que "no existía ni puede existir razón valedera para que tales actos expresados y manifestados dentro de un contrato de interés público, escapen y sean exceptuados de este control". Para ella, "la intervención de una entidad mercantil privada en un acto complejo de tal naturaleza" no puede "desviar la intervención de los Poderes Nacionales (...) de la esfera de lo público a

---

UCV, 1987, p. 57. PÉREZ LUCIANI, en forma gráfica e irónica, afirma que la fusión que pretende hacerse entre ambos actos solo tiene parangón con "las sirenas, los centauros y la esfinge" (trabajo citado en esta nota, p. 329). Quizás en la extraña transformación que nuestra doctrina y jurisprudencia ven en el tratado aprobado por ley, es en lo que descansa el problema de la determinación del alcance de unos y otros y de su jerarquía.

9   Según la representación de la República, la Corte no podía conocer de la acción propuesta por cuanto la ley impugnada lo era solo en sentido formal y no en el material, siendo en realidad un acto administrativo de las cámaras legislativas —al ser dictado en ejercicio de la función administrativa— y por ello la vía para impugnarla sería la contencioso-administrativa. Los representantes del Banco se plegaron a tal planteamiento (ver los correspondientes alegatos en el texto mismo de la sentencia que reseñamos).

lo privado", sino "todo lo contrario: la naturaleza de eminente orden público del objeto del contrato, así como la actuación en el mismo de aquellos Poderes (...) es lo que necesariamente ha de predominar para atraer hacia (...) el Derecho Público, el acto correspondiente".

Se intentaba, entonces, determinar la posibilidad de que pudiera ser controlada jurisdiccionalmente la constitucionalidad de la ley aprobatoria de un contrato, por cuanto en años anteriores se había negado la acción en ese sentido, basándose la decisión en la diferencia entre leyes formales y materiales[10]. Por ello, en la sentencia se realizaron tales afirmaciones, ya que si bien no cabía duda de que una ley del Congreso podía ser susceptible de impugnación, se planteaba la interrogante al estar vinculada a un acto convencional en el que participaba un particular. Es en ese orden de ideas que la Corte Suprema de Justicia, para precisar hasta qué punto la participación del ente privado en la relación jurídica aprobada por la ley variaba la posibilidad de recursos de anulación contra esta, concluye con lo que citamos: el hecho de que intervenga un tercero no la excluye del control jurisdiccional[11]. Sin embargo, es también en ese análisis cuando innecesariamente afirma que ese acto —más bien, conjunto de actos— es complejo[12]. Inútilmente, porque la Corte no llega a la conclusion de que el acto es controlable por ser complejo, sino por ser una ley aunque se refiera a un contrato.

---

10   Ver específicamente, sentencia del 5 de mayo de 1937 dictada por la Corte Federal y de Casación (comentarios a la decisión pueden leerse en: PÉREZ LUCIANI, *"El control de la constitucionalidad de leyes no normativas, aprobatorias de contratos"*, cit., pp. 208-210).

11   El fallo cuenta con voto salvado de varios magistrados (José Manuel PADILLA, José DUQUE SÁNCHEZ, Ezequiel MONSALVE CASADO, Julio Horacio ROSALES, Alejandro URBANEJA ACHEPOHL, Carlos ACEDO TORO y Eloy LARES MARTÍNEZ) que destacan que siempre "que un contrato requiera la aprobación del Congreso, el acto aprobatorio (...) constituye una de las manifestaciones de voluntad del Estado", que complementa la del órgano ejecutivo. La decisión (...) de las Cámaras sería, "por su contenido, un acto administrativo de aprobación, esto es, una declaración de un órgano del Estado, en ejercicio de la función administrativa, que expresa su conformidad con una declaración anterior de otro órgano estatal", aunque revista forma de ley. Se basaron los disidentes en la distinción entre ley formal y material y entendieron que la primera clase es en su esencia un acto administrativo, por lo que su control sería distinto. En esta forma, se mostraron de acuerdo con la tesis del Ejecutivo y el Banco de Venezuela. El voto salvado comparte la jurisprudencia de la Corte Federal y de Casación sobre la imposibilidad de acudir por la vía de la acción de inconstitucionalidad de las leyes, para impugnar la aprobación de contratos celebrados por el Estado.

12   También para los disidentes "ambas declaraciones" —contrato y ley— "configuran lo que la doctrina moderna denomina 'acto complejo', o sea, aquel en que la voluntad administrativa se forma mediante la intervención de dos o más órganos cuyas respectivas manifestaciones pasan a integrarla; lo que significa que el contrato sujeto a aprobación legislativa no es perfecto, ni produce efectos naturales mientras tanto no se haya producido aquélla" aunque reconocen que cierta "corriente doctrinaria considera perfecto

1.2. *Contratos de venta de tejidos:*

Siguiendo un criterio coincidente con el que le permitió calificar a la suma del contrato y la ley aprobatoria como un acto complejo, la misma Corte, ahora en Sala Político-Administrativa, denominó como tal a la venta de ejidos municipales[13]. Así, con ocasión de un recurso de anulación contra la autorización que debe conceder para ello el Concejo del municipio en cuyo territorio se encuentre el ejido, analizó la naturaleza de la enajenación, a los efectos de determinar su competencia por haber sido alegado que el asunto correspondía a la jurisdicción ordinaria y no a la contencioso-administrativa. Sostuvo en esa oportunidad que:

"Podría pensarse que el caso planteado (...) constituye una cuestión que está fuera del campo del derecho público por tratarse de la compraventa de un inmueble que es un contrato de derecho privado, por medio del cual se transfiere la propiedad a cambio del pago del precio de la misma. Pero esto es solo aparente, pues el acto impugnado es la autorización previa que debe dar el Concejo Municipal para poder vender los bienes municipales. (...). En efecto, tratándose, como se trata, en el caso, de un acto complejo con una fase previa que comprende la actividad pública de la Administración, es solamente esta la que debe ser examinada por la Corte (...)"[14].

Según los términos de la sentencia: a) la venta del terreno ejido por parte del municipio es un contrato que celebra ese ente territorial con un particular, por. estar autorizado por la Constitución y la ley; b) la impugnación del acto de autorización del Concejo Municipal para proceder à la negociación, puede ser realizada ante la vía contencioso-administrativa; c) el juez solo debe conocer de los vicios que se le imputen al acto de autorización, "como fase previa" en la celebración

---

el contrato aun antes de su aprobación, y estima que esta es solo un requisito necesario para su ejecutividad; esto es, que la aprobación es una apreciación de la conveniencia de un acto ya formado, dirigida a decidir si debe o no ser ejecutado".

13   Según el artículo 32 de la Constitución de la República: "Los ejidos son inalienables e imprescriptibles. Solo podrán enajenarse para construcciones en los casos establecidos en las ordenanzas municipales y previas las formalidades que las mismas señalen. También podrán enajenarse con fines de reforma agraria aquéllos que determine la ley, pero siempre se dejarán a salvo los que requiera el desarrollo de los núcleos urbanos".

14   Sentencia de la Sala Político Administrativa del 11.6.1974 (fragmento extraído de BREWER-CARIAS, *Jurisprudencia...*, *cit.*, T. V, Vol. 1, pp. 188-189. El texto completo de la sentencia puede consultarse en la G.O. N.º 1700 Ext. del 29.10.1974).

del contrato y no los de este último. Sin embargo, nos topamos en el fallo con la singular afirmación que ya transcribimos: la impugnación del acto de autorización — recurrible ante los órganos de la jurisdicción contencioso-administrativa— se justificaría porque el contrato en sí es "un acto complejo con una fase previa que comprende la actividad pública de la Administración", siendo "solamente esta la que debe ser examinada (...)". Se califica como complejo a un contrato de compraventa de un terreno, lo que, aplicando lo expuesto en este trabajo, sería incorrecto. Además, la Corte deja entrever que la complejidad del contrato deriva de la existencia de un procedimiento previo de formación de la voluntad de la Administración, lo que también sería errado según las diferencias que anotamos entre acto y procedimiento.

2. *Actos complejos por la concurrencia de órganos emisores:*

Como segundo criterio de calificación jurisprudencial de actos complejos encontramos el de la concurrencia simultánea de varios entes públicos para dictar un acto de carácter normativo, empleado implícitamente en el caso de los denominados convenios cambiarios celebrados entre la República, por órgano del Ministro de Hacienda, y el Banco Central de Venezuela. Esos convenios aparecen previstos en la ley que regula la actuación de esta última entidad y se destinan principalmente a establecer "limitaciones a la libre convertibilidad de la moneda nacional, cuando se considere necesario para su estabilidad, así como para la continuidad de los pagos internacionales del país, o para contrarrestar movimientos perjudiciales de capital"[15].

El bautizo de tales actos como complejos lo realizó la Sala Político-Administrativa de la Corte Suprema de Justicia en el caso de la impugnación por ilegalidad e inconstitucionalidad de los Convenios Cambiarios N.° 1 y 2 del año 1984[16]. Lo hizo en dos momentos: tanto al admitir la acción como al decidir el fondo de la causa. En el auto de admisión se indicó que los convenios "impugnados constituyen un acto general complejo emanado conjuntamente del Ejecutivo Nacional (...) y el Banco Central de Venezuela"[17]. Como se observa, la Sala —sin decirlo expresamente— se apartó de la calificación de convenio del acto impugnado, para afirmar que se

---

15   Ver SOSA GÓMEZ, *ob. cit.*, p. 108.

16   Los referidos convenios regulaban la venta de divisas por el Banco Central de Venezuela a las empresas que registrasen su deuda externa de conformidad con el Decreto N.° 1.930 del 26.3.1983, modificado por el Decreto N.° 44 del 24.2.1984. Los convenios recurridos aparecen publicados en la G.O. N.° 32.929 del 24.2.1984.

17   Auto de fecha 15.5.1984, con ponencia del Magistrado René DE SOLA (consultado en original). En virtud de sus autores, la Sala consideró que el caso entraba en la esfera de su competencia.

trata de un acto general. Al decidir el fondo de la controversia, en tres oportunidades más retomó la calificación. En esta forma, en la sentencia definitiva recordó que los actos impugnados eran "actos generales complejos emanados conjuntamente del Ejecutivo Nacional y el Banco Central de Venezuela"[18]. En el mismo fallo, al analizar la denuncia de retroactividad del convenio, se reiteró su carácter de acto administrativo complejo y no de disposición legislativa[19]. Por tercera vez en el texto de la decisión, se afirmó el carácter de acto administrativo general complejo, a fin de negar la necesidad de motivación, puesto que tal exigencia está limitada al caso de los actos individuales según lo dispone el artículo 9.º de la Ley Orgánica de Procedimientos Administrativos[20].

Ahora bien, contrariamente a lo que consideramos que se desprendía del auto de admisión —que se trataba de actos administrativos; es decir, actos unilaterales aunque emanado de varios órganos— se afirmó en la decisión final que los actos impugnados son convenios celebrados "entre el Ejecutivo Nacional y el Banco Central de Venezuela". De esta manera, a pesar de que un acto administrativo es unilateral por esencia y se opone a un contrato o convenio que es bilateral o multilateral[21], la Sala oscila —como si pudiera constituir el impugnado uno de naturaleza mixta— entre ambas calificaciones, lo que no consideramos posible. En realidad, creemos que los actos impugnados no revestían la naturaleza convencional que su nombre indica, sino que son actos unilaterales de contenido normativo[22].

Ni siquiera —según la definición que dimos al inicio de este trabajo— serían actos administrativos, pues hemos limitado la noción solo a aquéllos de carácter individual y no los que regulan situaciones impersonales. Sin embargo, quienes conciben el acto administrativo como cualquiera dictado por órganos de la Administración —e incluso por cualquier órgano estatal en ejercicio de la función administrativa— el recurrido sí lo sería, por ser emanado del Poder Ejecutivo, pero nunca sería un convenio o contrato. De ser convenio —que no lo es, aunque el fallo de la Sala contradictoriamente lo acepte— no podría

---

18   Sentencia del 20.9.1984, también con ponencia del Magistrado René DE SOLA (consultada en original, p. 1).

19   Página 5 del fallo.

20   Página 8 del fallo.

21   Ver *supra* (II.2).

22   Los llamados convenios cambiarios constituyen reglamentos conjuntos dictados por el Ministerio de Hacienda y el Banco Central de Venezuela con la finalidad de normar la materia cambiaria. Así, se trata de actos normativos, creadores de imposiciones para los administrados. Como señala RACHADELL, son actos "que crean situaciones jurídicas objetivas impersonales o abstractas y de carácter vinculante para los particulares" (*"Los convenios..."*, *cit.*, p. 126).

ser un acto complejo, por cuanto hemos insistido que un acto es de tal clase cuando existe una identidad de contenido y de fin, lo que en un contrato no se produce. No obstante, al ser realmente un acto unilateral sí puede ser considerado como complejo y en este caso en particular se observa que el Ministerio de Hacienda y el Banco Central de Venezuela, a través del Ministro y su Presidente respectivamente, actúan con la intención de regular una misma situación dictando una reglamentación conjunta[23].

Como vemos, se trata de casos en que existe una participación simultánea de varios órganos para producir un mismo efecto, por lo que reúne, las características de los actos complejos. Son los convenios cambiarios, en fin, actos unilaterales dictados por dos órganos —de dos personas distintas— con una misma finalidad y objeto[24]. Por ello, tomando un concepto amplio de acto administrativo que incluya a los reglamentos, creemos válido calificarlos como complejos, por lo que compartimos el criterio de la Sala Político-Administrativa al hacerlo de tal forma, pero no la doble cualidad que les concede, al tratarlos como actos unilaterales y convenios a la vez.

3. *Actos complejos en virtud de la existencia de un procedimiento:*

En la segunda parte del trabajo intentamos delimitar los conceptos de acto complejo y procedimiento administrativo, destacando la nota que los individualiza y que, de no olvidarse, impide cualquier confusión: el primero es una noción sustantiva y el segundo se refiere a aspectos adjetivos. El acto complejo es uno solo y el procedimiento es, de por sí, un conjunto de actos, en el que se dicta uno final, mas no necesariamente complejo, como lo ha pretendido señalar nuestra jurisprudencia en algunos de los casos que revisaremos a continuación.

Son cinco, de la búsqueda que efectuamos, los "actos" que nuestra jurisprudencia —emanada de la Corte Suprema de Justicia y de la Corte Primera de lo Contencioso— Administrativo— considera como

---

23   Comenta en ese sentido Manuel RACHADELL que "bajo la figura del convenio encontramos actos administrativos unilaterales, pero dictados conjuntamente por órganos diferentes de la Administración", con un carácter de resolución conjunta. Como él mismo señala, una resolución conjunta dictada por dos Ministerios no puede ser calificada como un convenio sino como un acto unilateral, aunque dictado por dos órganos a la vez ("Los convenios...", *cit,* pp. 113-129).

24   Comenta SOSA GÓMEZ que solo en apariencia estas figuras, en las que tanto la República como el Banco Central de Venezuela "concurren (...) con un mismo objetivo", constituyen ejemplos de contratos. Señala que en un caso como este, el Ejecutivo Nacional interviene en su celebración "en ejercicio de su competencia" y el Banco "en función del objeto asignado por Ley". En síntesis, plantea SOSA, al comentar la sentencia citada, que aun teniendo los convenios cambiarios "toda la apariencia de un contrato administrativo interórgano, (...) se observa que en realidad ambos órganos persiguen una finalidad común" (*ob. cit,* p. 108).

complejos, con fundamento en la existencia de un procedimiento, ya sea porque el conjunto lo constituye o porque derivan de él. Hallamos en primer lugar dos casos relacionados: (3.1) los actos integrantes de los concursos para proveer cargos en la carrera judicial y (3.2) las designaciones de jueces en virtud de tales concursos. Además encontramos: (3.3) los actos de imposición de multas como sanciones de carácter administrativo dirigidas a los particulares por violación de determinadas normas que regulan su actuación, en especial por incumplimiento de deberes formales en materia de impuesto sobre la renta; (3.4) los procesos de formación de la voluntad administrativa contractual; y (3.5) los procesos electorales, al menos en el supuesto de elección de autoridades de un colegio profesional.

3.1. *Actos integrantes de los concursos para proveer cargos en la carrera judicial:*

Según nuestra jurisprudencia serían complejos los concursos que, de conformidad con la Ley de Carrera Judicial, deben ser realizados para proveer los cargos de jueces, en los cuales la valoración de credenciales de los participantes y la evaluación de las pruebas está a cargo de un jurado expresamente designado a tal fin. Así, en sentencia de la Sala Político-Administrativa del 6 de abril de 1995, publicada por contar con dos votos salvados el 24 de mayo del mismo año[25], se señaló que el pronunciamiento del jurado constituye "una decisión de carácter administrativo que vincula al Consejo de la Judicatura" y que "se inserta en un acto complejo que culmina con la designación del ganador del concurso como Titular de la vacante a proveer". Según el fallo:

> "la decisión que recaiga en el Concurso celebrado es fruto de la deliberación del Jurado, expresión de la voluntad del cuerpo colegiado que configuran y a través de la cual, por ese proceso de debate y discusión, de aceptación y de rechazo, se conforma una voluntad única que constituye el objeto mismo de la función que cumplen y que no es otra que la evaluación y calificación de los concursantes a ser designados por el Consejo de la Judicatura como titulares y

---

25   Sentencia con ponencia de la magistrada Josefina CALCAÑO DE TEMELTAS, en el caso de la impugnación formulada por la abogada Ingrid Spiritto de Rodríguez contra el acto del Consejo de la Judicatura del 13.10.1992, por el cual se designó al Juez Quinto de Menores del Municipio Vargas del Distrito Federal. La sentencia está identificada con el N.º 370 en la enumeración de la Sala y fue consultada en original.

suplentes, respectivamente, de las vacantes judiciales a que se refiere el concurso"[26].

De la sentencia parece desprenderse que la participación de varios órganos en forma sucesiva constituye un acto complejo, con la aclaratoria de que tal complejidad derivaría del hecho de que el Consejo de la Judicatura —segundo interventor— queda vinculado totalmente a la decisión del primero, el Jurado. Para la Corte —dando una idea procedimental— la actuación del jurado se inserta en un acto complejo que culmina en la designación del juez; es decir, el acto complejo en el que participa el jurado sería un acto procesal, previo al acto final de designación. Debemos admitir que no entendemos en este caso, sin embargo, cual es el acto complejo: no es el del jurado —este se inserta en aquél— y tampoco es el del Consejo de la Judicatura, pues el acto complejo culminaría en la designación del juez. Parece que sería el conjunto del procedimiento seguido o uno intermedio entre el del jurado —declaratoria del ganador del concurso— y el del Consejo. Sea cual fuere la respuesta, es evidente que el criterio de calificación dista mucho del que hemos esbozado.

En esta forma, ni la existencia de un procedimiento con dos órganos de importancia —Jurado y Consejo— ni el carácter vinculante de la decisión del primero para la actuación que le corresponde al segundo, convierten al acto en complejo, no solo por cuanto los momentos de intervención de los órganos son distintos, sino también porque el efecto que produce cada acto es diferente en realidad: en el del jurado se declara el ganador del concurso; en el acto del Consejo se designa al juez. Aunque la persona a designar sea la que el jurado indique, el nombramiento, y con ello la asunción de la titularidad del cargo y la posibilidad de tomar posesión de él, no derivan de la decisión de aquél, porque no es ése el contenido de su actuación. Sostener lo contrario implicaría olvidar el contenido de cada acto y pretender fusionar manifestaciones de voluntad que están vinculadas pero que no pueden confundirse porque cada una tiene su razón de ser.

3.2. *Actos de designación de jueces:*

En el caso anterior, observamos que la Sala Político-Administrativa deja desprender —pero no lo hace expresamente— que el acto

---

26   En ese caso la Corte deseaba precisar que el acto del jurado es vinculante para el Consejo de la Judicatura y, en tal virtud, debería "contener la apreciación razonada de los miembros del Jurado acerca de los méritos de los concursantes, tanto en lo que se refiere a sus credenciales, como por lo que toca a la actuación que han cumplido en la prueba escrita y oral que se les ha aplicado".

complejo es el propio procedimiento seguido para el nombramiento del juez. Ahora, en sentencia de la misma Sala se había señalado que la "designación de los jueces aparece en el régimen consagrado por la Ley de Carrera Judicial, como resultado de un concurso de voluntades de órganos diferentes de un mismo Poder, en el que existe una unidad de contenido y fin para formar un acto único"[27]. Como se observa, en este ejemplo distingue los elementos que permiten calificar a un acto como complejo: varios órganos emisores, unidad de contenido, unidad de fin y acto único. Sin decirlo expresamente, es claro que consideró que el acto impugnado era de naturaleza compleja por ser dictado por varios órganos —Consejo de la Judicatura y Jurado—, con unidad de contenido y fin[28]. En concreto sostuvo que la:

> "integración de voluntades se justifica porque siendo potestad del Consejo de la Judicatura (...) el nombramiento de los jueces, tal potestad (...) no puede ejercerla válidamente sin la participación de los jurados (...), cuya autonomía en la evaluación de los aspirantes, así como la naturaleza vinculante de esta evaluación para el órgano que formalmente emite el nombramiento, asegura el éxito del sistema y excluye intereses distintos a los que persiguió el legislador".

Sin embargo, debemos destacar nuevamente que la intervención de los órganos en el acto de designación del juez no es simultánea ni el efecto de su decisión es el mismo, con lo que podemos afirmar que, al menos en nuestro criterio, no se trata realmente de un acto complejo, para lo que nos remitimos a las páginas precedentes. Se trata de dos actos, uno de trámite y uno definitivo; el último tiene estrecha relación con el primero, pero no se confunden. El que sean actos distintos incluso nos conduce a pensar que solo será recurrible el acto del Consejo y no el del jurado, aunque aquél tuviera que basarse en la decisión de este. El acto que pone fin al procedimiento de elección del ganador del concurso es el del Consejo, aunque se deje en manos de un jurado la evaluación de las credenciales y la realización de las pruebas que exige la ley. Ni siquiera como acto de trámite podría impugnarse por la vía excepcional prevista en la Ley Orgánica de Procedimientos Administrativos en el sentido de prejuzgarlo el recurrente como

---

27   Sentencia del 27.10.1987 (Caso: Marco Antonio Aranguren contra acto del Consejo de la Judicatura), con ponencia de la Magistrada Josefina CALCAÑO DE TEMELTAS. Ver extractos de la sentencia en: *RDP*, N.º 32, 1987, pp. 58-63.

28   VIDAL PERDOMO se cuida de distinguir los actos complejos de aquéllos que se estructuran con base en un procedimiento, como cree que son precisamente los nombramientos por concurso (*ob. cit*, p. 394).

definitivo, pues el Consejo de la Judicatura está en principio obligado a designar al ganador que indique el jurado pero tendrá la posibilidad de apartarse del veredicto si lo estima viciado y ordenar una nueva evaluación. No queda, entonces, el Consejo a merced del jurado.

En esa sentencia salvó su voto el magistrado Luis Henrique *Farías Mata,* para quien todo el razonamiento sobre el cual se sustenta el fallo "parte de la base de que la Resolución del Consejo de la Judicatura por la cual se designa a un juez escogido por concurso, es un acto complejo integrado por la emisión de dos voluntades administrativas: la del Jurado y la del Consejo". Por el contrario, piensa —en igual sentido al que nos hemos pronunciado— que "la decisión del jurado se integra en un procedimiento, complejo este, pero que culmina en un acto simple —porque emana de una sola voluntad administrativa— cuyo único autor es el Consejo de la Judicatura que, sin embargo, queda vinculado por la decisión del jurado". Para él, "lo que sucede es que, en el fondo, la voluntad decisoria (...) queda —de manera aparentemente anómala más no inusual—, por voluntad del legislador, trasladada del órgano decisor (...), al órgano usualmente asesor"[29].

Obviamente compartimos el criterio del voto salvado, porque insistimos que considerar que puede haber complejidad de un acto por la existencia previa de otro con el que guarde estrecha relación, implica concederle a la mayoría de los actos administrativos tal cualidad y, en consecuencia, confundir la calificación, ya que cabría preguntarse qué actos dictados en el desarrollo de un procedimiento no guardan relación entre sí, ya sea de complementariedad o de subordinación. La

---

29   FARIAS MATA se apoya en distinguidos autores extranjeros para formular su oposición a la sentencia. Señala que la doctrina "es particularmente mayoritaria" al sostener que cuando "el acto administrativo es el resultado de un procedimiento previo más o menos amplio, las diversas declaraciones (...) que integran dicho procedimiento pueden conformar otros tantos actos perfectos en relación a la etapa procesal que clausuran. Así en el concurso para llenar un cargo público, si hubiese una etapa preliminar de calificación de los méritos de los concursantes, el pronunciamiento sobre este punto se perfeccionará en su momento, sin perjuicio de la continuación del procedimiento hasta su terminación". Se lee en el voto salvado, además, lo siguiente: "Que se parta de una u otra base de razonamiento (acto 'simple' o acto 'complejo'), lleva a consecuencias enteramente diferentes como puede apreciarse del fallo anterior. En efecto, al sostenerse en este que la resolución del Consejo de la Judicatura impugnada tiene la naturaleza de un acto complejo, se llega a la (...) conclusión de que solo "podría el Consejo de la Judicatura, con intervención del Jurado respectivo, reconocer a solicitud de parte o de oficio la nulidad absoluta del acto dictado para cubrir una vacante judicial". Para el disidente si se hubiera partido, en cambio, "de la concepción del veredicto como un acto de trámite (...) integrado en un complejo procedimiento que culmina con el acto definitivo (aun con más razón, recurrible ante la misma jurisdicción) de nombramiento por el Consejo de la Judicatura, (...) sí se concluiría en la facultad que en todo momento tiene el Consejo de la Judicatura para reconocer la nulidad de un veredicto (...) por violación de impretermitibles formalidades". Entendemos nosotros, sin embargo, que el acto del jurado no es impugnable, sino que lo será el del Consejo, que es el definitivo, si adopta su decisión con base en un veredicto irregular.

existencia misma de un procedimiento, en el cual unos actos son de trámite y otros definitivos los vincula necesariamente.

3.3. *Actos de imposición de multas:*

En fecha 19 de febrero de 1962, la Sala Político Administrativa de la Corte Suprema de Justicia estimó, incurriendo en el mismo error del caso anterior, que:

> "(...) la aplicación de multas por la autoridad administrativa —que puede ser activa o contralora— es un acto complejo que requiere, por tanto, para su perfección formal definitiva, de los siguientes elementos: levantamiento de un acta; dictado de una resolución motivada; notificación de tal resolución al multado, mediante el envío de copia de la misma, junto con la correspondiente planilla de liquidación"[30].

En esta sentencia se observa la confusión originada por considerar que siempre que nos encontremos ante un procedimiento estaremos también en presencia de un acto complejo. Tal afirmación conduce, prácticamente, a la inútil conclusión de que todo acto de la administración es complejo, por comprender un procedimiento para su emanación[31]. No dudamos que un acto de imposición de multas o uno de designación de jueces sea complejo en ciertos casos, pero ello no será en virtud del proceso seguido sino por emanar de varios órganos que procuran un mismo efecto y se guían por idéntica finalidad. Es decir, no hay ejemplos genéricos de actos complejos, sino que cualquiera podría serlo dependiendo de la forma en que se haya regulado la competencia para dictarlos.

3.4. *Procesos deformación de la voluntad administrativa contractual:*

Al analizar el momento en que se perfecciona un contrato entre un particular y la Administración, la Sala Político-Administrativa de la Corte Suprema de Justicia calificó al proceso de "formación de la voluntad administrativa" como "un acto complejo que comprende varias etapas, que en su conjunto y hasta su terminación, configuran

---

30   Extracto publicado en: BREWER-CARIAS, *Jurisprudencia...*, *cit.*, T. I, pp. 330-331.

31   Todo ello sin olvidar, además, la evidente confusión en que incurrió la Corte al considerar que el acto requiere "para su perfección formal definitiva" la notificación al afectado. No obstante —recordemos la fecha del fallo— debemos reconocer que es ya jurisprudencia reiterada del mismo tribunal que la notificación es solo requisito de eficacia del acto, cuyo incumplimiento, si bien no permite el inicio de la producción de los efectos, no lo invalida.

la tramitación del caso"[32]. En ese caso el Ministro de Agricultura y Cría había acordado —y dictó una resolución en ese sentido— celebrar un contrato con los accionantes para la explotación de madera en terrenos baldíos. Luego, por medio de otra resolución — la impugnada— decidió no concluirlo. Los recurrentes consideraron que ello no era posible por cuanto desde el momento de la aceptación del contrato se había este perfeccionado, aunque el documento no se hubiese firmado. Por tanto, estimaron que estaba vedado dictar un acto en sentido contrario.

En oposición a las consideraciones de los actores, la Corte afirmó que "mientras no se haya cumplido el último acto con el cual se concluye la tramitación, o sea, mientras no haya sido firmado por el Titular del Despacho, puede el Ejecutivo Nacional negarse a celebrar el contrato", pues este "se materializa con la firma del funcionario competente"[33]. Ahora, independientemente de la validez de esta apreciación sobre el momento de perfeccionamiento del contrato —que no son objeto de nuestros comentarios— nos interesa destacar solo la afirmación según la cual el proceso de formación de la voluntad contractual es "un acto complejo que comprende varias etapas". Es obvio que en la sentencia que reseñamos se alude a un procedimiento —el de formación de la voluntad— y no a un acto. No existen, en nuestra opinión —aunque recordamos la tesis de *Gasparri*[34]—, actos comprensivos de varias etapas —como dice el fallo—, sino actos derivados de procedimientos que incluyen distintas fases, por lo que en la sentencia citada se

---

32   Sentencia del 13.8.1964, con ponencia del Magistrado Miguel Ángel LANDAEZ, dictada en la demanda de nulidad intentada por los ciudadanos Leonardo Arduino y Giovanni Ferrero contra la decisión del Ministro de Agricultura y Cría de no firmar un contrato que, mediante una resolución anterior, había acordado celebrar (Ver el texto del fallo en: GF, N.º 45, 2.º etapa, 1967, pp. 252-262, en especial p. 260).

33   La Corte se apoyó en la naturaleza administrativa del convenio, que excluiría la aplicación de reglas del Derecho Civil, para trasladar el asunto al Derecho Público y desechar así el principio general de la consensualidad contractual (ver: GF, N.º 45, *cit.*, p. 261).

34   Ver *supra* (II.4).

confunden las nociones de acto y procedimiento[35]. En este punto nos remitimos a las notas sobre el criterio del Profesor *Brewer-Carías*[36].

3.5. *Procesos electorales:*

La Corte Primera de lo Contencioso-Administrativo, al conocer la impugnación de unas elecciones realizadas en el Colegio de Abogados del Distrito Federal[37], afirmó que los procesos electorales son actos complejos, por estar integrados por un conjunto de "diferentes actos que están estrechamente vinculados"[38]. Específicamente sostuvo que:

> "(...) la Corte observa que (...) lo que se ha demandado es la nulidad de las elecciones realizadas el día 13 de diciembre de 1977 en el Colegio de Abogados del Distrito Federal, y no de la instalación o constitución de la Comisión Electoral realizada el 15 de octubre del mismo año. Y si bien es cierto que el proceso electoral es un acto complejo que a su vez

---

35   Más adecuado hubiere sido señalar que la formación de la voluntad de la República —como persona de carácter moral— requiere un procedimiento, a diferencia del caso de las personas físicas. Tal procedimiento podría ser —si se quiere— denominado complejo, como lo hace en nuestro país Giussepe ROSITO ARBIA, quien escribe que "la voluntad de la administración se expresa frecuentemente bajo la forma de una operación compleja integrada a través de diferentes actos, que emanan de órganos administrativos de diferentes y los cuales responden a la naturaleza de actos administrativos" o que debe concebirse a "la etapa de formación como una etapa compleja, formada por toda una serie de actos administrativos separables del contrato (...)" (ver su trabajo: "La teoría de los actos separables en el Derecho Administrativo venezolano", en: *RFCJP*, N.º 93, 1994, pp. 148 y 151). No creemos, sin embargo, que pueda afirmarse que los actos previos a la conclusión del contrato puedan ser considerados como "actos separables", pues entendemos que estos últimos solo existen a partir de su celebración, que es cuando existe contrato del que separar algo.

36   Ver *supra* (III.3).

37   Este no es un caso de actuaciones estatales, sino de actos de particulares que por tener atribuidas por ley facultades de supremacía con respecto a otros se permite asimilarlos a los de la Administración a los efectos del control de legalidad por los órganos contencioso-administrativos, correspondiendo conocer de ellos a la Corte Primera de lo Contencioso Administrativo, en virtud de la competencia residual que prevé el ordinal 3.º del artículo 185 de la Ley Orgánica de la Corte Suprema de Justicia. En el caso que exponemos, la parte opositora al recurso alegó precisamente la inadmisibilidad de la acción por incompetencia de dicha Corte Primera, afirmando que correspondía conocerla a la "jurisdicción ordinaria". Sin embargo, no era ése el primer caso similar —impugnación de un acto de colegio profesional— intentado ante esa Corte, por lo que —como fue en definitiva— era lógico imaginar que la excepción opuesta sería desestimada.

38   Sentencia de fecha 22.6.1978, con ponencia de Elita GRATEROL DE TORRES PACHECO, publicada íntegramente en: *Tendencias de la jurisprudencia venezolana en materia contencioso administrativa, Trabajos de las 8.º Jornadas "Dr. J.M. Domínguez Escovar" (enero de 1983)*, UCV-Corte Suprema de Justicia-Instituto de Estudios Jurídicos del Estado Lara, Caracas, 1986, pp. 217-234 (ver la referencia a los actos complejos en p. 226).

se compone de diferentes actos que están estrechamente vinculados, sin embargo no es menos cierto que todos estos constituyen actos preparatorios que no pueden confundirse con el acto final o definitivo de dicho proceso (...)".

La precisión anterior —acerca del carácter complejo del proceso electoral y de la necesidad de distinción entre los actos preparatorios y el definitivo— la realizó a los fines de dejar sentado el momento a partir del cual debe "empezar a correr el lapso de caducidad" para impugnarlo[39]. La Corte Primera entendió que dicho lapso debía contarse a partir de la fecha de la elección y no de los actos preparatorios, lo que nos parece acertado pues resulta absurdo considerar que debía contarse desde el primer acto que conforma el procedimiento dirigido a la celebración de las elecciones y no desde la elección misma. Lo que no compartimos, por las mismas razones de los casos jurisprudenciales expuestos precedentemente, es calificar al proceso eleccionario como un acto complejo. Evidentemente, un proceso no es un acto, sino un conjunto de ellos, por lo que el calificativo de complejo no le corresponde.

4.   *ACTOS COMPLEJOS POR REQUERIR LA EXISTENCIA DE ACTOS-PRESUPUESTO:*

Existe en nuestra jurisprudencia una cuarta concepción de acto complejo basada en la necesidad de existencia de actos-presupuesto. En esta forma, los actos de retiro de funcionarios de carrera administrativa que ocupen cargos de libre nombramiento y remoción, han sido calificados como complejos por requerir que, antes de producirse, se haya removido a la persona afectada y se le hubiere colocado en una situación que se denomina de disponibilidad para que en un período determinado se efectúen gestiones para reubicarlo en otro cargo de carrera[40].

---

39   En ese caso, la parte opositora a la acción había planteado su inadmisibilidad por caducidad, al considerar que el inicio del plazo para su ejercicio debía contarse "no como lo hace el accionante desde el acto mismo de la celebración de las elecciones, (...) sino que más bien hay que partir del hecho cierto de la constitución de la Comisión Electoral y la convocatoria a elecciones", realizada dos meses antes (*Tendencias...*, *cit.*, p. 236).

40   Conforme al artículo 54 de la Ley de Carrera Administrativa, el retiro de un funcionario debido a la denominada reducción de personal "dará lugar a la disponibilidad hasta por el término de un mes, durante el cual el funcionario tendrá derecho a percibir su sueldo personal y los complementos que le correspondan", señalando además que, mientras tanto deberían tomarse "las medidas tendientes a la reubicación del funcionario en un cargo de carrera para el cual reúna los requisitos Tal situación se ha extendido a los casos de funcionarios de carrera que sean removidos de cargos de libre nombramiento y remoción, por entenderse que se encuentran en disfrute del llamado permiso especial que prevé la misma ley.

Es sabido que, con estricta sujeción a lo que dispone el artículo 122 de la Constitución de la República, la Ley de Carrera Administrativa ha consagrado un régimen de estabilidad de los funcionarios públicos —a los que se les califica como de carrera— quedando solo excluidos de él, las personas que ingresan a la Administración directamente en cargos denominados de libre nombramiento y remoción. El funcionario de carrera solo podrá ser retirado del servicio al comprobarse incurso en algunas de las causales de destitución que la misma ley prevé y en eso consiste su estabilidad, puesto que únicamente su actuación deficiente o malsana puede hacerle perder su cargo dentro del personal público[41].

Debido a que las nociones de funcionario y cargo no son equivalentes, un funcionario de carrera podría acceder, por el ascenso que experimente dentro de la Administración, a un cargo de libre remoción —sea de alto nivel o de confianza— sin que por ello pierda totalmente la estabilidad que la ley le garantiza. Sin embargo, entra en una situación que la Ley de Carrera Administrativa califica como de permiso especial, aunque ello no impide que se ocupe su cargo con otra persona con carácter definitivo y no temporal o interino[42]. Así las cosas, al removérsele y a la vez garantizársele su estabilidad sin haberse reservado el cargo anterior para su vuelta, como único mecanismo de protección se ha previsto la necesidad de que, dentro del lapso de un mes, sea reubicado en algún cargo de carrera de jerarquía y remuneración iguales a las del que ostentaba precedentemente. Si vencido aquél no hubiere sido posible la reubicación de la persona, la Administración quedaría habilitada para retirarla del servicio activo[43].

---

41   Sobre estos temas, puede consultarse: DE PEDRO, Antonio, *La Ley de Carrera Administrativa (doctrina, legislación y jurisprudencia)*, Caracas, 1993 y *Realidad y perspectiva de la fundón pública venezolana*, EJV, Caracas, 1982; QUINTANA MATOS, Armida, *La carrera administrativa*, EJV, Caracas, 1980; RODRÍGUEZ FALCON, Joaquín, *Los derechos económicos de los funcionarios públicos*, EJV, Caracas, 1983; y las ponencias de Nelly APONTE DE MELO, Ezra MIZRACHI y Aníbal RUEDA, publicadas en: *Seminario para un mejor conocimiento de la carrera administrativa*, PGR, Caracas, 1987. Jurisprudencialmente puede consultarse: *15 años de jurisprudencia (Jurisprudencia de la Corte Primera de lo Contencioso-Administrativo 1977-1992), Funcionarios de libre nombramiento y remoción*, Funeda-Ed. Torino, Caracas, 1995.

42   Comenta QUINTANA MATOS que en virtud de que el funcionario en permiso especial se encuentra en servicio activo, por disponerlo así la ley, "lo ideal sería (...) que se le hiciera reserva del cargo que venía ocupando, en el sentido de que este no pudiera proveerse sino, tal vez, interinamente y que las remuneraciones correspondientes al mismo se congelaran presupuestariamente". Sin embargo, reconoce que "es difícil, en el estado actual de nuestra función pública que tal supuesto pueda plantearse". Por ello, admite que ante "el hecho real de que no se reserva o congela el cargo para el funcionario que pasa a situación de permiso especial" se prevé la obligación de colocarlo en situación de disponibilidad y la realización de gestiones reubicatorias (*ob. cit*, p. 89).

43   Ver jurisprudencia sobre este punto en: *15 años..., cit.*, pp. 411-413

Del régimen de separación de funcionarios de carrera en cargos de libre remoción que hemos resumido, debe destacarse ante todo la existencia de un acto inicial —la remoción— que ubica al funcionario en una situación especial, a la que tiene derecho por su condición inextinguible —según reiterado criterio jurisprudencial— de funcionario de carrera[44]. Realizadas todas las gestiones de reubicación —que deben ser verdaderamente efectuadas, de acuerdo con otro criterio reiteradísimo de la jurisprudencia[45]— y hallado el cargo de carrera para el removido, debe ubicársele en él. Solo de no encontrarse uno, la Administración podría retirar a la persona, lo cual ni siquiera puede presumirse; es decir, aun cuando conste que fue imposible la reubicación, solo habría retiro si se dicta el acto expreso en tal sentido[46].

Aunque creemos evidente que el acto de retiro, aun precedido de uno de remoción y del transcurso de un mes de disponibilidad, no puede entenderse como complejo —al menos por esa razón—, en sentencia de fecha 20 de mayo de 1980, el Tribunal de la Carrera Administrativa, sostuvo que:

"El acto de retiro de la Administración Pública es un acto complejo, por cuanto para su emanación deberá seguirse previamente un determinado procedimiento: esto es, el de la disponibilidad, de manera tal que el acto de remoción del cargo no es un acto independiente, sino que es el preparatorio para el retiro definitivo"[47].

En esta forma, el acto de remoción sería el inicio de un procedimiento que pudiera concluir con la reubicación o con el retiro, asunto que desconoce el afectado. Por tanto, se estimó que este normalmente preferiría no impugnarlo porque "tiene la esperanza y la posibilidad legal de ser reubicado". Ahora, si la gestión para conseguirle otro cargo fuere infructuosa y se produjese el retiro, sí se vería obligado a ejercer querella contra él, lo cual supondría "necesariamente la disconformidad (...) con la remoción". Incluso, en criterio del fallo, "en

---

44   Ver: *15 años...*, *cit*, pp. 151-152. Dicha situación no es concebible en el caso de una persona que directamente hubiere ingresado en el cargo de libre nombramiento y remoción, sino que dictado este su retiro del servicio es inmediato.

45   Ver: *15 años...*, *cit*, pp. 418-437.

46   Ver ejemplos de estos fallos en: *15 años...*, *cit.*, pp. 49-51 y 454. Expresamente en sentencia del 21.3.1988, con ponencia de la Magistrada Cecilia SOSA GÓMEZ, se destacó que "el acto de remoción en ningún momento implica la decisión de retirar, ya que esta depende de un hecho futuro e incierto, como lo es la no reubicación" (ver: *15 años...*, *cit*, p. 455).

47   Sentencia del 30.6.1978, con ponencia de Sonia BLANCO DE RODRÍGUEZ (ver extracto en: QUINTANA MATOS, *ob. cit.*, p. 466).

el acto de retiro se subsume el de remoción, por cuanto el primero no puede existir sin el segundo, so pena de estar viciado de ilegalidad". Esas consideraciones fueron efectuadas por cuanto en el caso concreto el accionante no denunció vicios en el acto de remoción, limitándose a impugnar el de retiro, además de que habían transcurrido más de seis meses desde el momento del primero pero no del segundo[48]. El Tribunal creyó que esto no debía causar perjuicio al actor debido a que el primero no podía "ser impugnado" al estar "su aplicación (...) condicionada al futuro" y solo "se cumpliría (...) si el funcionario no es reubicado". Llegó a afirmar que la situación en que se coloca al funcionario entre la remoción y el retiro le favorece porque puede "percibir su sueldo (...) los complementos (...) durante el tiempo de disponibilidad, con la añadidura que (...) tendrá posibilidad de ser reubicado". En fin, se entendió que "palmaria y obviamente" el acto que lesiona al funcionario es el de retiro y bastaría con impugnar ése.

Al conocer en apelación de este fallo, la Corte Primera de lo Contencioso-Administrativo se limitó a transcribir la sentencia recurrida en la parte que hemos citado arriba y sostener que estaba en un todo de acuerdo con el criterio del tribunal *a quo*, por lo que confirmó la decisión[49]. En sentencias posteriores reiteró su parecer sobre el carácter complejo de los actos de retiro y la falta de independencia del de remoción, al entender que el último solo es el inicio de un procedimiento "que concluye bien con una reubicación, bien con una decisión de retiro que involucra la propuesta de la relación de servicio"[50].

Como notamos, el criterio de complejidad del retiro y la integración en él del acto de remoción se justificó por dos cosas: permitir contar el lapso de caducidad desde el último acto y no a partir del primero y sostener la pérdida de validez del acto de remoción con la sola anulación del de retiro y aunque el primero nunca se hubiere recurrido o no se le hubiere imputado vicios. Ahora bien, podemos hacer al respecto dos observaciones. Primero: ya jurisprudencia del mismo Tribunal de la Carrera Administrativa había señalado que el lapso de caducidad se computaba desde el acto de retiro — sin acudir a la tesis del acto complejo — porque sería anticipado recurrir una decisión que pudiera concluir en una reubicación, con la que quizás el funcionario

---

48   Conforme el artículo 82 de la Ley de Carrera Administrativa, toda acción con base en ella "solo podrá ser ejercida válidamente dentro de un término de seis meses a contar del día en que se produjo el hecho que dio lugar a ella".

49   Sentencia con ponencia del Magistrado Antonio J. ANGRISANO, publicada en: *15 años...*, *cit*, pp. 447-449 y en: RDP, N.° 3, 1980, p. 200.

50   Sentencia del 25.11.1982, con ponencia de la Magistrada Armida QUINTANA MATOS, publicada en: *15 años...*, *cit.*, pp. 442-443.

no se sienta afectado[51]. Segundo: como veremos luego, ningún sentido tiene afirmar que el acto de remoción queda integrado en el de retiro y mucho menos que la anulación del último supone la del primero.

El criterio de existencia de un procedimiento administrativo es el que, según señalan el Tribunal de la Carrera Administrativa y la Corte Primera en los fallos mencionados, permite calificar al acto de retiro como uno complejo. Sin embargo, no lo hemos ubicado en la sección correspondiente a aquél, puesto que consideramos que a pesar de la afirmación en ese sentido, lo determinante es la exigencia del cumplimiento de ciertos presupuestos habilitantes para el ejercicio de la competencia para retirar. En realidad no se está ante la presencia de un procedimiento por el cual se proceda a prescindir de los servicios de un funcionario. Podría pensarse en la existencia de un acto final: el de retiro; y un procedimiento para su emisión: la remoción del cargo, el transcurso de un mes de disponibilidad, la realización de gestiones reubicatorias del funcionario y, por último, de ser infructuosas las gestiones llevadas a cabo, su retiro. Sin embargo, si se observa con detenimiento, debemos concluir que no puede considerarse ni siquiera que exista un solo acto final que y el resto de los actos sean preparatorios de este, por una razón sencilla: tal conclusión implica, necesariamente, que al remover a un funcionario se piensa en retirarlo de los cuadros de la Administración Pública, lo que no es el espíritu de la norma. Así, las sentencias de esos tribunales que afirmaban que la remoción "no es un acto independiente", sino "que es el preparatorio para el retiro definitivo" partían de un error violatorio de la ley.

Debe observarse que en los supuestos previstos en la Ley de Carrera Administrativa y en el Decreto 211[52], pueden ser removidos determinados funcionarios de sus cargos. De tratarse de un funcionario de carrera ocupando un cargo de libre remoción, podrá ser removido, pero debe concedérsele un mes para que se le asigne a otro. De no poder ser reubicado, para lo cual la Administración debe realizar las gestiones necesarias, podrá ser retirado por medio de otro acto[53]. Ni siquiera hay procedimientos en realidad —uno para

---

51   Ver, entre otros, fallo del 28.11.1975, con ponencia de Sonia BLANCO DE RODRÍGUEZ, en: QUINTANA MATOS, *ob. cit.*, p. 680.

52   Decreto del Presidente de la República dictado con fundamento en la Ley de Carrera Administrativa y que enumera una serie que cargos de libre nombramiento y remoción, adicionales a los que contempla esa ley.

53   En sentencia del 21.3.1988, con ponencia de la Magistrada Cecilia SOSA GÓMEZ, la Corte Primera distinguió claramente los actos de remoción y retiro, afirmando "que se trata de dos actos distintos, tanto en su contenido cono en su objeto". En dicho fallo se sostiene que con "el de remoción se pretende apartar al funcionario del cargo, pero no del organismo, y como consecuencia el servidor público pasa a estado de disponibilidad, con goce de sueldo, para ser reubicado". En cambio, el acto de retiro "tiene como objeto separar al funcionario de la Administración Pública, con lo cual la relación de empleo

remover y otro para retirar— sino que cada acto puede producirse previo cumplimiento del presupuesto de la norma: para remover, que el cargo sea de libre remoción, aunque sea de carrera el funcionario; para retirar, haber efectuado la gestión reubicatoria en el mes de disponibilidad si el funcionario era de carrera. La realización de esas gestiones no es un procedimiento para el de retiro, porque no se dirige a producirlo, sino todo lo contrario: se supone que está dirigido a evitarlo y solo en casos excepcionales debería nacer. El ser infructuosa la gestión es, así, un presupuesto de actuación[54].

En conclusión, las sentencias citadas incurren, en nuestra opinión, en dos errores: uno, confundir acto complejo con acto definitivo dictado al final de un procedimiento administrativo; dos, considerar que las gestiones reubicatorias son un procedimiento para proceder al acto de retiro. Quizás la causa de la confusión radique en que se trata de dos actos que en ocasiones, cuando fueron infructuosas las gestiones reubicatorias, quedan profundamente ligados, hasta el punto que los funcionarios suelen impugnarlos ambos para lograr su regreso a la Administración, lo que es lógico, pues si se impugna solo el retiro y llegare a anularse, la remoción quedaría en pie y solo podría el juez ordenar la reincorporación del funcionario para efectuar las gestiones reubicatorias. En cambio, anulados ambos actos sí se obtendría la vuelta definitiva al cargo.

No obstante, en sentencia mucho más reciente del Tribunal de la Carrera Administrativa ha reiterado que "el acto de retiro es un acto complejo" y repitió la grave consecuencia señalada en los anteriores fallos: el que la nulidad del mismo implica también la del acto de remoción[55]. Obviamente, la afirmación es errada, pues no se trata de un solo acto —complejo— sino de varios, por lo que la nulidad del último de ellos no tiene por qué afectar al anterior, aunque a la inversa ello sí suceda, pero no derivado del carácter "complejo" del conjunto, sino de la circunstancia de que la remoción es —como lo ha afirmado la jurisprudencia en muchísimas oportunidades— presupuesto indispensable del retiro, no pudiendo procederse a

---

termina definitivamente, y como consecuencia de ello corresponde liquidar al funcionario mediante los pagos a que haya lugar" (ver extracto en: *15 años..., cit*, p. 455).

54 En el mismo fallo de la Corte Primera del 21.3.1988 se lee que existen procedimientos distintos para remover y retirar: la remoción "procede si el cargo se subsume dentro de los supuestos de hecho previstos para los de libre nombramiento y remoción". En cambio, "para que el retiro sea válido, debe haberse producido en primer lugar la separación del funcionario del cargo por medio de un acto de remoción, y deben haber sido infructuosas las gestiones para reubicar al funcionario de carrera" (*15 años..., cit*, p. 455). Se notará que, aunque considera que existen dos procedimientos, en realidad parte del mismo criterio afirmado por nosotros: lo que existen son distintos presupuestos para actuar.

55 Sentencia del 5.3.1990, con ponencia de la Magistrada Gladys RACHADELL (consultada en original).

este último sin haber primero realizado el otro[56]. Afortunadamente la Corte Primera de lo Contencioso-Administrativo sí ha cambiado su criterio al afirmar ahora que "la remoción y el retiro, si bien son actos muy vinculados, son autónomos e independientes y el primero no conlleva necesariamente el segundo" así como tampoco "ambos constituyen un acto complejo"[57].

5. *ACTOS COMPLEJOS POR LA PRESENCIA DE CONTENIDO MÚLTIPLE:*

En nuestra revisión jurisprudencial hemos encontrado un fallo, referido al caso de los actos de registro de la deuda privada externa —de tanta importancia hace algunos años y que tantos problemas generaron— en el que se empleó un peculiar criterio de calificación de los actos complejos[58]. Específicamente, en sentencia de la Corte Primera de lo Contencioso-Administrativo de fecha 19 de abril de 1987[59], se lee que;

> "El acto administrativo de registro de una deuda privada externa, es un acto complejo en el sentido de que se presenta como un todo unitario, es decir, estructuralmente único, por cuanto en la manifestación de voluntad de la Administración, el contenido tiene naturaleza distinta. Así, es un acto de comprobación y un acto de voluntad. Es la comprobación a la que está ligada la admisibilidad de la constitución de la nueva situación jurídica para el particular, y viene a formar parte del acto esa nueva situación desde el punto de vista estructural"[60].

---

56   Ver *15 años...*, *cit*, pp. 449-452.

57   Sentencia del 14.12.1992, con ponencia del Magistrado Gustavo URDANETA TROCONIS, publicada en extracto en: 15 *años...*, *cit*, pp. 452-453.

58   Para consultar sobre ese régimen puede verse: BREWER-CARIAS, Allan, *Régimen Cambiario*, T. I, EJV, Caracas, 1994. Jurisprudencia sobre el particular se encuentra en: ARRIETA CUEVAS, Raúl, *Jurisprudencia en materia de deuda externa privada*, EPGR, Caracas, 1989.

59   Sentencia dictada en el caso "Hughes Services de Venezuela contra resolución de la Comisión 61", con ponencia de la Magistrada Cecilia SOSA GÓMEZ (ver extractos en: *RDP*, N.º 30, 1987, pp. 115-116).

60   La misma afirmación se realizó en la contestación al recurso de nulidad intentado contra el Decreto 76 por parte del Consejo Venezolano de la Industria (Conindustria), que fue conocido por la SPA. Se lee en el fallo definitivo de dicho caso que en la contestación, el abogado defensor del acto impugnado sostuvo que: "El acto administrativo contenido en la 'conformidad de importación' es un acto complejo en el sentido de que es un acto de comprobación y un acto de voluntad" (consultado en original). En el escrito de los representantes del Banco Central de Venezuela se lee: "el otorgamiento de las divisas preferenciales para el pago de importaciones resulta de un acto complejo, producto

Para la Corte Primera el registro —aun cuando se presente como un "acto unitario"— tiene un doble contenido, consistente en ser a la vez acto de comprobación y de voluntad, por lo que lo califica como complejo. Constituiría "el inicio de otros actos de la administración" y se dirige a la "obtención de las divisas al cambio diferencial". La comprobación le concede un carácter declarativo debido a que el acto.

> "consiste en la declaración de hechos y situaciones jurídicamente relevantes, con eficacia meramente declarativa de la existencia de la relación jurídica que la norma legal liga a la situación objeto de la comprobación y que trae como consecuencia una situación jurídica por el hecho de la comprobación".

Como no es difícil concluir, la caracterización como complejos de los actos de registro de la deuda privada externa, que emanaban del órgano creado a tal fin a raíz de la instauración del régimen de cambios diferenciales, no obedece a ninguna de las consideraciones que realizamos en las páginas precedentes. En efecto, hemos sostenido insistentemente que la clasificación en la cual aparece dicha categoría es aquélla que toma en cuenta el número de autores del acto de que se trate y que, en tal sentido, un acto sería complejo cuando es dictado por varios órganos, fusionando sus distintas voluntades para producir un mismo efecto. Nada de esto es lo que se lee en el fallo del que hemos transcrito los anteriores fragmentos. Por ello se trata de un criterio al menos original. Observemos lo siguiente:

Primero: se trata de un solo acto, el registro de la deuda externa privada. Sin embargo, emana de un órgano administrativo y no de varios. Obviamente —como es normal— en el procedimiento total participan varios, pero para la emisión del acto de registro tan solo uno. Segundo: el acto de registro sería complejo por tener doble contenido. No obstante, expusimos ya cómo, de acuerdo con la acepción más generalizada, para ser complejo un acto administrativo debe reunir entre sus características el tener unidad de contenido. Es decir, a pesar de ser varios los órganos emisores, el efecto jurídico que se propone cada uno cumplir con su concreta participación sería el mismo. En el caso que nos ocupa sucede todo lo contrario y el efecto sería doble, ya que es un "acto de comprobación" y un "acto de voluntad", empleando los términos del fallo. En esta forma, comprobada cierta situación —

---

de un procedimiento en que se combinan diversos actos administrativos entre sí, complementarios, en razón del objeto común perseguido para la producción del efecto jurídico en materia cambiaria" (ver la cita en: IRIBARREN, *ob. cit,* p. 261).

deuda privada externa bajo determinados parámetros— se ordenaba registrarla —manifestación de voluntad—, lo que daba posibilidad de acceder al régimen diferencial de cambio de divisas.

En fin, el acto de registro en realidad es monorgánico o simple. Además, ese doble contenido que ve la Corte Primera no existe, porque el efecto que produce es uno solo: el registro de la deuda privada externa. La Corte observó como anómalo —¿complejo?— la existencia de un mecanismo de comprobación antes de proceder al registro, lo que no tiene nada de especial, pues no es más que la verificación de la existencia del presupuesto de actuación, sin cuya presencia estaría el órgano administrativo impedido de dictar el acto[61]. Para poder expresar válidamente su voluntad, debe haberse comprobado la situación de hecho o de derecho que da lugar a ella y no por esto el acto tiene doble efecto. El pretendido efecto declarativo no es tal, al menos no es autónomo[62].

---

61   La tesis de los presupuestos fue desarrollada por FORTI, para quien son uno de los requisitos del acto administrativo (FORTI, *Lezioni di Diritto Amministrativo. Il repporto, la teoria degli atti*, 1950, citado por José Antonio GARCIA-TREVIJANO FOS, *ob. cit*, p. 111). También la han tratado: ALLESI (*Instituciones de Derecho Administrativo*, T. I, trad. de la 3.º ed. italiana, Bosch Casa Editorial, Barcelona, 1970), GIANNINI (*Diritto Amministrativo, cit*, Vol. I, pp. 520, 563 y 564) y ZANOBINI (*Corso...*, *cit*, Vol. Primero). Se trata de todas aquellas circunstancias de la realidad que la norma ha previsto como necesarias para que se emita el acto. Así, todo acto debe estar conforme con las circunstancias fácticas existentes y que la norma previó como supuesto de procedencia, a la vez que al producirse el estado de hecho predeterminado debe aquél dictarse si no se ha concedido al órgano facultades de apreciación y valoración de esas circunstancias (por ello PÉREZ LUCIANI hace referencia a la noción de "actos debidos"; "*La intervención...*", *cit*, pp. 40-41, nota 1). Los presupuestos del acto han sido denominados también situaciones o circunstancias histórico-ambientales, principalmente por SANDULLI (*Manuale...*, *cit*, pp. 416-418; y *Il Procedimiento...*, *cit)*, quien comenta que la ley normalmente exige que un acto pueda ser emitido solo si existe una determinada "situación histórico-ambiental", que se convierte en condición de su legitimidad. Entre los autores latinoamericanos hacen referencia a los presupuestos: BIELSA (*ob. cit.*), URZUA RAMÍREZ (*Requisitos del Acto Administrativo*, Universidad de Chile-Editorial Jurídica de Chile, Santiago, 1971) y RUBIO GODOY (*Proceso de Formación de un Acto Administrativo*, Ed. Jurídica de Chile, Santiago, 1960).

62   Haciendo una comparación con las sentencias, debemos recordar que los fallos denominados condenatorios o constitutivos son siempre —como lo ha dejado sentado la doctrina— declarativos; hasta el punto que las decisiones que se limitan a declarar la existencia o el alcance de un derecho o una relación jurídica se les califica como mero declarativas o de mera declaración, pues se agotan en ella (ver: COUTURE, Eduardo, *Fundamentos del Derecho Procesal Civil*, 3.º ed., Ed. Depalma, Buenos Aires, 1981, pp. 315-321 y RENGEL ROMBERG, Arístides, *Tratado de Derecho Procesal Civil Venezolano*, Ed. Ex Libris, Caracas, 1991, p. 268).

6. *Actos complejos por sus destinatarios:*

Según el número de sus destinatarios es usual clasificar a los actos administrativos en generales y particulares, dependiendo de su carácter normativo o no. La distinción, sin embargo, no es del todo pacífica, existiendo otras categorías —como las de actos de efectos generales y de efectos particulares— que no corresponden con aquélla y que incluso pueden entrelazarse[63]. Ahora, la doctrina ha entendido que los planes de zonificación urbana, como parte del sistema de planificación espacial, tienen un doble carácter, concibiéndolos a la vez como disposiciones normativas y actos concretos.

En ese sentido, frecuentemente se plantea el problema de su naturaleza jurídica[64], el cual se centra —como afirma *Rodríguez García*— en discutir sobre su carácter normativo o no[65], pues en ellos existe una "encadenación de actos que van desde la norma más genérica hasta la resolución del caso individual"[66]. De esta forma, indica que puede concebirse al plan como un típico acto normativo[67] o como un acto normativo no tradicional[68]; igualmente —agrega— podría verse como

---

63   Puede consultarse: BREWER CARIAS, *El control de la constitucionalidad de los actos estatales*, EJV, Caracas, 1977, pp. 7-10. Luis Henrique FARIAS MATA, en voto salvado a la sentencia de la Sala Político Administrativa de la Corte Suprema de Justicia, de fecha 5.4.1984, dictada en el juicio incoado por la Federación de Asociaciones de Comunidades Urbanas (Facur) contra una ordenanza admite la validez teórica de la diferenciación, pero niega la posibilidad real de distinguir "los actos de efectos generales entre normativos y no normativos", por no tener relevancia práctica a tenor de la Ley Orgánica de la Corte Suprema de Justicia", toda vez que esa ley se refiere indistintamente a actos generales y de efectos generales y particulares, individuales y de efectos particulares (ver: GF, N.º 124, Vol. I, 3.º etapa, 1984, pp. 336-342).

64   Ver: PAREJO ALFONZO, Luciano, "La naturaleza de los planes urbanísticos. Efectos sobre la propiedad, modificación y revisión de los planes", en: *ADP*, Vol. V, Derecho Urbanístico, UCV, Caracas, 1983, pp. 333-349.

65   Ver: RODRÍGUEZ GARCÍA, Armando, "Nuevas perspectivas en la planificación territorial", en: *ADP*, Vol. V, cit, p. 303.

66   Citando a Meilán Gil, RODRÍGUEZ GARCÍA señala que en los planes opera "una concreción sucesiva de normas a las que corresponden igualmente una sucesión de actos" y que entre "la norma y sus destinatarios se interpone la Administración". A ello, se sumaría el hecho de que en un mismo acto jurídico público —formalmente hablando—, pueden concurrir elementos normativos y no normativos, lo que dificulta aún más su definición material o sustantiva" *(ob. cit.,* p. 304).

67   Según RODRÍGUEZ GARCÍA, las razones "que fundamentan la consideración del plan como acto normativo atienden principalmente a su virtualidad general y como consecuencia de ella, a la necesidad de su publicación; y a la prohibición de derogaciones singulares. En este sentido se encuentra que algunos autores consideran el plan como un acto reglamentario típico y por consiguiente de carácter normativo" *(ob. cit,* p. 304).

68   Expone RODRÍGUEZ GARCÍA que ciertos autores le atribuyen a los planes "un carácter normativo no tradicional, al considerarlos como ley-medida, es decir, como verdaderas normas, pero dictadas con el fin de regular una situación dada y, por tanto, con vigencia temporal vinculada a la solución de la situación concreta que las origina" *(ob. cit,* p. 304).

un acto no normativo[69], como una "integración sucesiva de normas y concatenación de actos"[70] y hasta como un acto "de carácter mixto"[71], aunque en definitiva él estima que son "esencialmente concretos y consumibles"[72]. En su criterio, se refieren a situaciones específicas — basadas en datos concretos— y no pueden ser utilizados para otros, por no ser normas[73]. Cree que "desde una perspectiva más formal que sustantiva, la naturaleza del plan se aproxima a la idea de procedimiento administrativo, que se manifiesta como una garantía en favor del administrado, al permitirle conocer anticipadamente, el programa de actuación de la Administración y los mecanismos o acciones previstos concretamente para alcanzar los objetivos propuestos, sin que estos extremos puedan ser alterados arbitrariamente, ocasionando lesiones en los intereses particulares o generales protegidos"[74].

Imbuida quizás en tales dudas sobre la naturaleza jurídica de los planes territoriales, la jurisprudencia nacional ha considerado reiteradamente a las ordenanzas de zonificación como actos

---

69   En esta formas puede considerarse el plan —dice RODRÍGUEZ GARCÍA— "por no poseer estos actos un carácter innovador del ordenamiento jurídico" (*ob. cit.*, p. 304).

70   Debido a que "junto a elementos típicamente normativos, están puros actos que abren la posibilidad de aplicar determinadas normas, iniciando así un procedimiento" (RODRÍGUEZ GARCÍA, *ob. cit.*, p. 304).

71   Por reunir, según el caso, elementos normativos y no normativos dentro del mismo cuerpo jurídico-formal (RODRÍGUEZ GARCÍA, *ob. cit.*, p. 304).

72   Serían para RODRÍGUEZ GARCÍA actos concretos "porque su objetivo (...) no es (...) el establecimiento de las consecuencias jurídicas que acarrearía la ocurrencia de una situación hipotética considerada abstractamente", ya que los planes "no crean 'tipos' jurídicos" sino que "su finalidad es expresar los mecanismos, acciones, vías, a través de las cuales, conjugando la iniciativa privada a la actuación pública, se pretenden obtener unos resultados determinados para un caso preciso, de tal manera que las previsiones de un plan territorial determinado, no podrían aplicarse válidamente a una situación dada, fuera del área que abarca, sin que mediante un acto formal se extendiera su aplicación, con lo cual, en el fondo se estaría dictando un nuevo plan, y no aplicando una regla" (*ob. cit.*, pp. 306-307).

73   Para RODRÍGUEZ GARCÍA "el plan resulta ser un acto tan concreto que es, precisamente, la expresión de un conjunto de estudios, aproximaciones y tanteos, dirigidos específicamente a la solución de una situación dada, sobre la cual se pretende influir de una manera específica". Por ello, los planes "no son transferibles o trasladables, pues su eficacia depende del conocimiento obtenido y procesado en relación a la situación concreta a la cual sirven; de otra forma, un 'plan tipo' debería servir para la solución de cualquier situación análoga o semejante, tal como sucede con la norma jurídica, y bien sabemos que no es así". Expone que el plan "se refiere solo a la situación concreta para la cual fue diseñado, y una vez aplicadas sus prescripciones, se extingue como acto jurídico, se cumplen sus efectos, de allí que el plan se pueda calificar de 'consumibles'. No es posible 'repetir' la aplicación de una previsión del plan a un supuesto distinto de aquel contenido en el mismo; para ello, será necesario 'reformular' esa tradición de manera expresa" (*ob. cit*, p. 307).

74   RODRÍGUEZ GARCÍA, *ob. cit*, p. 307.

complejos, por estar compuestas "por dos tipos de actos". Entre muchas decisiones en tal sentido, tenemos la sentencia de la Corte Primera de lo Contencioso-Administrativo en la que se expone que, de conformidad con:

> "el criterio pacíficamente aceptado por la doctrina y la jurisprudencia, las ordenanzas de zonificación son actos complejos, compuestos por dos tipos de actos: la normativa en sí de la ordenanza, la cual es un acto de efectos generales de rango legal, y los planos o mapas mediante (sic) se le asigna la zonificación a cada inmueble, el cual es un acto de efectos particulares"[75].

Más adelante, en el mismo fallo se lee que:

> "(...) los planos anexos a las ordenanzas de zonificación mediante los cuales se le asigna la zonificación a una parcela en particular, son actos administrativos de efectos particulares que, junto con la normativa de efectos generales, forman o integran un acto complejo"[76].

Como se observa con claridad, aquí, como en el de los actos de registro, ha sido radicalmente diferente el criterio seguido para caracterizar un acto complejo. En este ejemplo se trata de un solo acto, pero sin carácter administrativo, pues es dictado en ejercicio de la función normativa por un órgano deliberante. Es, además, emanado de un solo órgano y no de varios. No obstante, en este caso el criterio empleado presenta una utilidad práctica: la determinación del régimen aplicable para el ejercicio de los recursos contra la ordenanza, pues

---

75   Sentencia de fecha 3.4.1990, con ponencia del Magistrado Alfredo DUCHARNE ALONZO, en el caso Inversiones El Ingenio vs. Concejo Municipal del Distrito Sucre del Estado Miranda (consultada en original). Extractos del fallo aparecen en: *RDP*, N.º 42, 1990, pp. 121-123.

76   En el mismo sentido, se encuentran varios fallos emanados de la Corte Suprema de Justicia, en Sala Político-Administrativa: 21.11.1974, con ponencia del Magistrado Saúl ROM (ver: GF, N.º 86, 2.º etapa, 1974; AYALA CORAO, Carlos, *Jurisprudencia de Urbanismo* (1947-1987), EJV, Caracas, 1988, pp. 55-57); 10.8.1977, con ponencia de Martín PÉREZ GUEVARA (ver: GF, N.º 97, 3.º etapa, 1977; AYALA CORAO, ob. cit., pp. 59-60; AYALA CORAO, Jurisprudencia urbanística (1947-1987), en: *Ley Orgánica de Ordenación Urbanística*, EJV, Caracas, 1989, p. 157) y 16.12.1981, con ponencia de José Luis AGUILAR (ver: GF, N.º 114, Vol. I, 3.º etapa, 1981; RDP, N.º 9, 1982, pp. 132-133; AYALA CORAO, *Jurisprudencia de urbanismo...*, cit., pp. 57-59; AYALA CORAO, "Jurisprudencia urbanística... ", cit, p. 197).

a raíz de la promulgación de la Ley Orgánica de la Corte Suprema de Justicia, el régimen de impugnación de los actos estatales, sean administrativos o no, se fundamenta en la naturaleza de los mismos como "de efectos generales" o "de efectos particulares", a diferencia del existente bajo la vigencia de la Ley Orgánica de la Corte Federal que se basaba en la naturaleza de los vicios que se denunciaran: inconstitucionalidad o ilegalidad[77].

Es un criterio disímil al tradicional, aun cuando práctico. Sin embargo, ¿es válido adoptar la denominación de acto complejo cada vez con sentido diferente, apartándose de lo que se ha ido creando en la doctrina, en cuyo seno surgió la noción? Causa al menos inseguridad en el uso de los términos y dificultad en el manejo de los conceptos y de los fallos que los contienen, el recurrir a tan diversos criterios de calificación.

---

77   Sobre ese cambio, ver el conjunto de ponencias dictadas poco después de la entrada en vigencia de la Ley Orgánica de la Corte Suprema de Justicia y consiguiente derogación de la Ley Orgánica de la Corte Federal, que aparecen compiladas en: *El control jurisdiccional de los poderes públicos en Venezuela*, UCV, Caracas, 1979.

V

EL ACTO COMPLEJO EN LA DOCTRINA
ADMINISTRATIVA VENEZOLANA

Una vez revisada nuestra jurisprudencia, veremos los ejemplos de actos complejos que encontramos en nuestra doctrina administrativa. Hemos consultado para ello dictámenes de la Procuraduría[1] y de la Contraloría General de la República[2], así como de las Consultorías Jurídicas de los Ministerios, aun cuando en estas últimas solo encontramos una referencia al tema en una vieja opinión del Ministerio de Justicia[3]. Al igual que con la jurisprudencia, clasificaremos los dictámenes conforme al criterio empleado para calificar la actuación de que se trate.

Específicamente los ejemplos que hemos hallado los clasificamos en tres, según el fundamento que captamos que basan la calificación como actos complejos: (1) por ser el resultado de la participación simultánea de varios órganos o personas (decretos del Presidente de la República dictados en Consejo de Ministros y juramento de funcionarios públicos); (2) por tratarse de un conjunto de actos en el que uno constituye requisito de validez o eficacia de otros (nombramiento de funcionarios públicos y juramento; nombramiento de funcionarios y autorizaciones de órganos superiores; y nombramiento de embajadores y participación del Senado); y (3) por tratarse de actos

---

1   No puede negarse la importancia que reviste en nuestro país la doctrina de este órgano, sentada a través de los dictámenes que emite en su carácter de asesor de la Administración Pública Nacional, así como en su participación en ciertos procesos judiciales. Fueron consultadas las compilaciones de dictámenes correspondientes al año 1975 y a los años 1981 a 1990, así como la recopilación de las opiniones emitidas desde 1961 hasta 1981, publicada bajo el nombre de 20 *años de Doctrina de la Procuraduría General de la República 1961-1981*, PGR, Caracas, 1984.

2   Consultamos la colección *Dictámenes de la Consultoría jurídica de la Contraloría General de la República*, T. I y II (1938-1963), Caracas, 1968; T. III (1964-1968), Caracas, 1968; y T. IV y V (1969-1976), Caracas, 1976. Igualmente revisamos: *Dictámenes de la Dirección General de los Servicios Jurídicos de la Contraloría General de la República 1986-1987*, T. IX, Caracas, 1989.

3   Es difícil obtener información sobre esta fuente, pues el acceso a los dictámenes no es siempre sencillo, al no encontrarse por lo general sistematizados y mucho menos publicados.

preparatorios de la conclusión de contratos de la Administración (procesos de formación de la voluntad administrativa contractual y actos dentro de procesos licitatorios).

1. *Actos complejos como resultado de la participación simultánea de varios órganos o personas:*

La participación simultánea de varios órganos es fundamental en la concepción del acto complejo. Sin embargo, hemos sostenido que no basta la concurrencia de dos o más órganos para calificar como tales a los actos que de ellos emanan sino que debe existir identidad de objeto y de fin. En nuestra doctrina administrativa hallamos casos en los que se identifica a ciertos actos como complejos, basándose en esa intervención pluriorgánica, pero que presentan grandes diferencias entre sí. Tenemos el de actos en los que actúan varios órganos cuyas voluntades se fusionan haciendo incluso crear la idea de que alguno o varios desaparecen y el acto se le imputa a uno solo. Por otro lado, encontramos casos en los que no existe fusión alguna sino la participación de varias personas en un mismo momento para cada quien cumplir una función distinta. Veremos el ejemplo dado en ambos.

1.1. *Participación pluriorgánica confusión de voluntades de los intervinientes (decretos presidenciales en Consejo de Ministros):*

A pesar de constituir los actos presidenciales que requieren el refrendo ministerial prácticamente el ejemplo por excelencia de actos complejos[4], solo los encontramos calificados como tales en un dictamen ya bastante viejo —5 de marzo de 1959— de la Consultoría Jurídica del Ministerio de Justicia, en el que se sostuvo que el acto "que se dicta en Consejo de Ministros es un acto administrativo complejo, ya que resulta del concurso de la voluntad del Presidente de la República y la de los Ministros del Despacho Ejecutivo"[5]. Se fusionan así voluntades de varios órganos: la del Presidente y la de los ministros.

En este caso se reúnen los requisitos de un acto complejo. En primer lugar, hay varios órganos actuando conjuntamente, aunque puede

---

4   Por ejemplo, comenta PENAGOS que en Colombia se dan como ejemplos de "complejidad interna" la decisión del Presidente con uno o varios ministros ("Criterios para clasificar los actos administrativos", en: *El Derecho Administrativo en Latinoamérica II*, Ediciones Rosaristas, Colegio Mayor Nuestra Señora del Rosario, Bogotá, 1986, p. 84). En ese mismo sentido, Gustavo RODRÍGUEZ, *oh. cit.*, p. 287. En Venezuela dan ese ejemplo, según vimos, DE STEFANO y MOLES CAUBET.

5   Ver: Ministerio de Justicia, *Doctrina Administrativa, Dictámenes de la Consultaría Jurídica, 1959-1963*, Caracas, 1965, p. 53.

que la idea original sea del Presidente y la otra actuación —la del refrendo— se produzca por obligación constitucional, como también pudiera ser a la inversa. Las intervenciones del Presidente y de los ministros son verdaderas manifestaciones de voluntad decisoria y sin ellas el acto no sería válido. No ineficaz, sino viciado en el elemento volitivo[6]. En segundo término, el efecto que se produce es único: regular una determinada materia, disponer sobre una situación específica, etc.; por último, la finalidad es idéntica para cada actuante.

1.2. *Simple participación simultánea de varias personas (juramento de funcionarios públicos):*

En el ejemplo de los decretos dictados por el Presidente de la República en Consejo de Ministros observamos que la calificación como actos complejos se funda en la simultaneidad de declaraciones de voluntad de varios órganos. En el caso que reseñaremos ahora, la Procuraduría General de la República ha entendido que el juramento de funcionarios públicos es un acto que puede ser también considerado como complejo, pues en él participan a la vez dos o más personas: quien se juramenta y ante quien ello se hace[7]. En concreto, en dictamen de fecha 30 de agosto de 1994[8], luego de plantearse su naturaleza jurídica (sea negándole el carácter de acto jurídico, considerándolo

---

6   Orlando TOVAR TAMAYO escribe que los ministros en Venezuela, "(...) si bien son órganos directos y precisos del Presidente, las órdenes de este no pueden ser cumplidos sin la firma de ellos", por lo que existe entre nosotros "un verdadero refrendo ministerial" ("El Consejo de Ministros en Venezuela", en: *El Derecho Venezolano en 1982*, UCV, Caracas, 1982, p. 508).

7   El artículo 38 de la Ley de Carrera Administrativa prevé que ningún "funcionario público podrá tomar posesión de su cargo ni entrar en ejercicio de sus funciones, sin antes prestar juramento de sostener y defender la Constitución y las Leyes de la República, y de cumplir exactamente los deberes inherentes a su cargo". El artículo siguiente establece que tal juramento se prestará "ante el funcionario que haya hecho el nombramiento o ante el que este delegue". QUINTANA MATOS destaca que pese a que el juramento debería preceder a la toma de posesión del cargo por parte del funcionario nombrado, en la práctica se observa que la mayoría de las veces se hace a la inversa, "en virtud de que la dinámica administrativa ha llevado a incluir la fórmula sacramental del juramento como un aparte del documento (...), mediante el cual se tramita su nombramiento y que firma el empleado una vez que ha sido aprobado por la Oficina Central de Personal", con lo que la "ceremonia de juramentación ha quedado para los cargos ubicados en los niveles superiores de la jerarquía administrativa" *(ob. cit,* p. 30). Con tal práctica se notará que la bilateralidad sostenida por la Procuraduría General de la República, consistente en la presencia simultánea de dos personas en un acto de juramentación, no existe en la mayoría de los casos.

8   Dictamen N.º 00807 de la Dirección General Sectorial de Asesoría, ante la interrogante de la necesidad de que el Presidente de la República deba juramentar a los Directores Generales de los Ministerios en cada caso en que queden encargados del Despacho por ausencia temporal del titular (consultado en original).

como un requisito de validez o eficacia de ciertos actos o una simple declaración de voluntad unilateral[9]) sostuvo que "puede afirmarse que el juramento (...) es un acto complejo, por cuanto requiere de la voluntad de dos sujetos de derecho, para la realización de un mismo fin"[10].

En este caso notamos, sin embargo, que no se trata de dos órganos dictando un acto administrativo, sino de dos personas que se reúnen: un órgano de la Administración y un sujeto que está ingresando al personal público, pero que aún no debe haber asumido el cargo, por lo que no actúa como órgano. La reunión se hace para que uno jure que actuará correctamente cuando le corresponda en el futuro y para que otro acepte su promesa. No hay emisión de acto administrativo alguno, sino solo una declaración unilateral oída por otro, como una formalidad para dejar constancia de aquélla.

Es un error entender, en tal virtud, que el juramento es un acto complejo porque "requiere de la voluntad de dos sujetos de derecho, para la realización de un mismo fin". Primero: no hay acto administrativo —ni siquiera acto estatal— sino una declaración personal. Segundo: no hay realmente participación de dos personas en la declaración, ya que ella la hace uno solo sujeto y el otro escucha porque es su deber. Tercero: aunque el efecto que produce la presencia simultánea de ambas personas es el mismo (permitir la toma de posesión del cargo y por ello hacer surgir los efectos del nombramiento), la finalidad perseguida no es la misma para cada interviniente, pues para el que se juramenta el fin es lograr su acceso al cargo, que es un asunto de mero interés personal y para ante quien se hace es asegurar que aquél manifieste que lo desempeñará correctamente, con lo que se propone satisfacer un interés colectivo. Para la Procuraduría el fin es "el cumplimiento de un requisito de eficacia"[11], lo que no es cierto, por ser ése su contenido (permitir la producción de los efectos del nombramiento).

---

9   Se lee en el dictamen que hay quienes consideran que el juramento "no se le puede equiparar a un hecho o acto jurídico, ya que no produce los efectos de aquellos, si bien en algunos casos perfecciona o consolida las transformaciones propias de dichos actos", mientras que para algunos autores "constituye, bien un requisito para la validez de ciertas pruebas, dando al juzgador los elementos necesarios para emitir su fallo, o un requisito formal que regula la consecuencia de diversas instituciones de derecho, sujetando al que lo prestó a las consecuencias que pudieran derivarse por el incumplimiento de las obligaciones impuestas al cargo que aceptó por juramento". Por último existiría —según reseña la Procuraduría— quienes "lo conciben como una declaración voluntaria, de índole unilateral" (pp. 2-3 del dictamen).

10 Página 6 del dictamen.

11 Páginas 6 y 7 del dictamen.

En ese mismo orden de ideas, en otro dictamen de la Procuraduría se afirma que las normas relativas al juramento "recogen y confirman a plenitud" sus "características generales": el juramento es "un acto solemne, expreso, verbal y personalismo y sobre todo es un acto complejo por cuanto requiere de la unidad de contenido y de fin de las diversas voluntades, que se unen para formar un acto único"[12]. En él se sostuvo que en el juramento hay dos sujetos: uno —que califica como "principal"— es "la persona elegida (...) para el ejercicio de una función pública" y otro es quien recibe la promesa de fiel cumplimiento, aunque admite que este último pudiera no ser necesario, si la ley lo indica. Así, dice la Procuraduría que aun cuando el juramento es "un acto de intrínseca e interior disposición de hacer, se puede establecer legalmente que para que (...) sea válido, se necesita la participación de otro sujeto, que es quien toma o recibe el juramento", convirtiéndose en "un acto jurídico bilateral"[13]. Sobre este dictamen basta recordar lo dicho: en estos casos hay dos personas, pero una sola manifestación de voluntad: la de quien jura el fiel cumplimiento de las funciones de su cargo y la sujeción al ordenamiento jurídico. No hay, además, acto administrativo ni unidad de fin en la participación de cada una.

2. *Actos complejos como un conjunto de actos en el que uno constituye requisito de eficacia o de validez de otro:*

En nuestra doctrina administrativa ha sido usual encontrar calificaciones de actos complejos en casos en que en realidad se está ante un conjunto de actos en el que unos constituyen requisito de eficacia o de validez de otros, Hallamos los supuestos de nombramiento de funcionarios públicos, que siempre requieren la prestación de un juramento y a veces el cumplimiento de otros extremos, como la aprobación por órganos superiores o de otras ramas del poder público. Veamos los ejemplos.

2.1. *El nombramiento de funcionarios y el requisito del juramento:*

El nombramiento de un funcionario público por requerir que este preste un juramento ha sido considerado por la Procuraduría General de la República como acto complejo. Ya hemos visto como ese mismo órgano calificó al juramento en sí mismo como tal porque en él

---

12   Dictamen N.º 139981 del 14.10.1964 de la Dirección General Sectorial de Asesoría, ante la interrogante de tener que juramentar nuevamente a embajadores que cambian de destino (consultado en original).

13   Ver p. 7 del dictamen. Puede observarse como la Procuraduría reconoce que el juramento es una declaración personal, por lo que insistimos en que no es realmente bilateral, aunque haya quien la oiga.

participan dos o más personas. Ahora bien, en esta otra concepción que reseñaremos —tomada de los mismos dictámenes de los que extrajimos el criterio anterior— el acto complejo no sería el solo juramento sino también la suma del nombramiento con la prestación de la promesa. Se notará con facilidad, en todo caso, el error del que surge, pues considera que un conjunto de actos pueden ser reunidos para crear un acto aparte, lo que no es cierto. En concreto, ha dicho la Procuraduría que son

> "dos actos complejos: el de designación o elección, que requiere para su eficacia de la realización de otro acto que es el juramento; y, el juramento, en sí que considerado en su esencia, y no como requisito de eficacia del acto de designación o elección, requiere también el consenso de dos voluntades dirigidas a la obtención de un mismo fin, como es, el cumplimiento de un requisito de eficacia"[14].

En otro dictamen sostuvo, al estudiar la naturaleza jurídica del juramento, que "es preciso señalar que la designación o elección y el juramento, configuran un acto complejo y, en particular, el juramento considerado en sí mismo, también es un acto que queda incluido en esta categoría"[15]. Existirían, entonces, dos actos complejos: el juramento —por lo que se expuso en líneas precedentes— y la suma de este y el nombramiento del funcionario. Sobre esto último, afirma que tal

> "conjunción de actos es denominado (sic) por la doctrina como acto complejo, esto es, aquél que resulta del concurso de la voluntad de varios órganos que se funden con una sola finalidad, siendo su principal característica o condición, la unidad de contenido y de fin de las diversas voluntades que se unen para formar un acto único"[16].

Observamos en el fragmento transcrito una imprecisión grave, pues si bien es , cierto que los elementos que se mencionan son los que en doctrina caracterizan a los actos complejos, ellos no se dan en el caso que narra (nombramiento de funcionarios más el correspondiente

---

14   Dictamen citado del 30.8.1994.

15   Dictamen del 14.10.1994, también citado precedentemente.

16   Ver p. 8 del dictamen del 14.10.1994.

juramento). En efecto, en los actos —en plural— mencionados no existe fusión alguna de voluntades para crear un acto único, pues evidentemente se está ante la presencia de dos actuaciones diferentes —aunque vinculadas— que nunca llegan a confundirse. No existe, además, unidad de contenido ni de fin. Uno: los efectos del nombramiento y del juramento son distintos; en el primero se designa a una persona y en el segundo se le permite ocupar su cargo. Dos: la finalidad es también distinta, ya que con el primero se desea ocupar un cargo y con el segundo garantizar que quien se ubique en él actúe bien. Entonces, no se cumple ninguno de los extremos del acto complejo.

Aparte de ello, que estimamos suficiente para demostrar que el criterio de la Procuraduría General de la República es desacertado, ese órgano cree ver la complejidad de la conjunción de tales actos en el hecho que en los actos administrativos debe distinguirse su perfeccionamiento de su eficacia. En ese sentido se lee en el dictamen que:

> "(...) como es sabido, en todo acto administrativo se distinguen dos momentos resaltantes, que son el de su perfeccionamiento y el de su eficacia. En efecto, se dice que todo acto administrativo que ha cumplido con los requisitos y formalidades previstos para su formación, es perfecto; mas, es posible que ese acto, aun siendo perfecto, no sea capaz de producir efectos jurídicos, por cuanto requiere, necesariamente, de otro acto que se lo permita. Este evento posterior puede ser extrínseco al acto mismo y estar establecido por la ley o por la voluntad de la autoridad que emite el acto.
>
> De manera que el acto inicial puede ser perfecto y válido, pero no es eficaz hasta tanto no se produzca un acontecimiento posterior que, por lo demás, no se confunde con aquél, sino que es un acto distinto e independiente, con sus propias características, formalidades y efectos"[17].

Afirmado lo anterior, la Procuraduría General de la República sostuvo que en "el caso concreto, el nombramiento de un funcionario, es un acto que se perfecciona en el momento en que el funcionario manifiesta su voluntad de aceptar el cargo"[18], agregando que:

---

17   Ver p. 8 del dictamen del 14.10.1994.

18   Para la Procuraduría General de la República, "está por un lado la manifestación de voluntad por parte del funcionario competente para designarlo (...) y, por otro lado, la

"Sin embargo, ese acto de nombramiento, aun siendo perfecto no es eficaz, vale decir, no es capaz de producir efectos jurídicos, porque si bien es cierto que la designación en él contenida otorga la titularidad del respectivo cargo, la persona nombrada no puede ejercer válidamente las funciones inherentes al mismo sin antes haber prestado el debido juramento. Se constituye así el juramento en el elemento indispensable para atribuirle eficacia al acto de nombramiento o elección, lo cual en su conjunto, lo tipifica como un acto complejo"[19].

De nuevo observamos el error de la concepción mencionada, el cual es inexplicable por cuanto la propia Procuraduría reconoce que un acto complejo debe ser un "acto único" en el que se funden las voluntades de varias personas. No obstante entender que tiene que ser único y aceptar que el juramento es solo un requisito de eficacia del nombramiento que no debe confundirse con aquél, los une para tratarlos juntos, llamarlos "conjunción de actos" y calificarlos como complejos. Además, se debate entre afirmar que el juramento solo tiene que ver con la eficacia de un acto "perfecto" pero incapaz "de producir efectos jurídicos" y sostener que el nombramiento se perfecciona con la voluntad de aceptar el cargo, como si el nombramiento fuese un acto bilateral. Esa vacilación tiene consecuencias graves, pues según el criterio que se adopte, la ausencia de juramento acarreará la nulidad del nombramiento por falta de uno de los requisitos necesarios para su existencia o la simple pérdida o suspenso de su eficacia[20].

---

manifestación de voluntad por parte del funcionario designado por la cual acepta el nombramiento" (p. 9 del dictamen del 14.10.1994).

19   Ver p. 9.

20   Ahora, aun con el razonamiento ambivalente, la Procuraduría concluye que el juramento es un requisito de validez del nombramiento. Reconoce que tal criterio modifica el sustentado "(...) en dictamen de fecha 22 de mayo de 1989, donde se sostuvo que el juramento constituye a la luz de la doctrina, una formalidad mediante la cual el funcionario público al posesionarse del cargo debe jurar cumplir y hacer cumplir la Constitución y demás leyes de la República" y que las disposiciones legales que lo rigen no contemplan que su omisión conduzca a la "nulidad de la designación del funcionario y menos aún, la nulidad o anulabilidad de los actos ejecutados por él, por cuanto las normas que lo prevén son de las calificadas como imperfectas, es decir, aquellas donde el legislador establece el supuesto normativo pero no la consecuencia jurídica derivada de su incumplimiento" (ver p. 9). En el referido dictamen de 1989 —apoyándose en sentencia de la Corte Federal y de Casación— se sostuvo que "las funciones públicas pueden ser desempeñadas de derecho y de hecho" y que "si se ha admitido sin discusión que los funcionarios de hecho o de facto cumplen un servicio público y que por ende sus actos producen efectos válidos", no puede por ello pensarse que la "carencia del juramento conlleve la irregularidad del nombramiento y designación, y la nulidad subsiguiente de los actos dictados por el funcionario, por cuanto se trata de un servidor público que

2.2. *El nombramiento de funcionarios que necesita aprobación o autorización para surtir efectos:*

En dictamen del año 1974, la Contraloría General de la República, al analizar la competencia para nombrar funcionarios del Instituto Venezolano de los Seguros Sociales, concluyó que correspondía a su presidente y que no existía legalmente ninguna necesidad de autorización o aprobación por parte de otros órganos del mismo. El interés del dictamen radica, sin embargo, en un error conceptual al referirse al acto complejo, pues al reconocer la falta de exigencia de requisitos procesales especiales para el nombramiento, señala que ello es así por cuanto no se trata de un acto complejo. En concreto, se lee en el dictamen que:

"Al no constituir requisito exigido por la Ley del Seguro Social o su Reglamento General, el que necesariamente los actos administrativos de nombramiento y de remoción del Personal del ente efectuados por el Presidente del Instituto, para que alcancen plena eficacia, vayan precedidos de autorización o seguidos de aprobación del Consejo Directivo, es claro que ninguna influencia en las designaciones que hizo el Presidente del Instituto tuvo la Resolución de dicho órgano colegiado, desde que a ellas no se atuvo tal funcionario al hacerlas (...); no siendo posible, por lo demás, hacer depender la validez de los nombramientos efectuados por dicho funcionario de lo decidido por el Consejo Directivo como si esto configurase acto preparatorio de alguno complejo"[21].

Como se observa, entendió la Contraloría General de la República que si hubiera la necesidad de un acto previo o posterior de otro órgano del instituto, el nombramiento del funcionario sería complejo, sobre lo que hemos insistido ya bastante.

2.3. *El nombramiento de embajadores, la aprobación del Senado y la aceptación del país u organización de destino:*

Para determinar la necesidad o no de un nuevo juramento por parte de quienes eran embajadores en un país u organización y son designados para otro destino, se hicieron varias consultas (a la

---

desempeñaba funciones administrativas, previo el requisito del nombramiento y toma de posesión del cargo, como está plenamente demostrado" (ver: *DPGR 1989*, pp. 70-73).

21 Dictamen CJ-20 del 11.3.1974, publicado en: *Dictámenes de la Consultaría Jurídica..., cit.*, T. V, p. 687.

Contraloría y Procuraduría General de la República, al Ministerio de Relaciones Exteriores y a la Oficina de Asesoría Jurídica del Congreso). Cada uno emitió su opinión, pero los dos primeros afirmaron tal necesidad por el carácter complejo que tendría el nombramiento de embajadores, al participar en ellos el Senado[22]. La Contraloría sostuvo que "para esclarecer esa interrogante" convenía "tener presentes los siguientes aspectos: la finalidad y relevancia jurídica del juramento y el carácter complejo del acto de nombramiento de los Embajadores"[23]. Para ella "el juramento no solo constituye el objeto de una obligación previa a la toma de posesión, sino una carga para el funcionario", siendo legalmente "una condición de la cual depende la eficacia del nombramiento" cuya ausencia "configura un supuesto de ineficacia de dicho acto y de nulidad relativa de la toma de posesión". Además afirma que:

"debido a la necesidad de que se emita un acto previo (autorización) por parte de un órgano del Poder Legislativo Nacional, para dar así validez a un acto del Poder Ejecutivo (Decreto o Resolución contentivo de la efectiva designación del Embajador), es que los nombramientos que precisan del acuerdo preliminar del Senado han sido calificados doctrinariamente como actos administrativos complejos, ya que su emanación se debe a la voluntad de dos órganos estatales (Ejecutivo y una sección del Legislativo) cuyas voluntades se funden en una sola voluntad".

Para la Contraloría General de la República, la complejidad la configura "esa intervención previa y de voluntad concurrente del Senado con el Ejecutivo" e "impide que el nombramiento de quién ya era Embajador en un país y que luego pasa a serlo en otro pueda ser considerado como un simple acto de traslado"[24]. Incluso, como "el nombramiento (...) requiere la aceptación previa del país ante quien ejercerá sus funciones", según el dictamen se "acentúa el carácter complejo de su designación". Como se notará, la complejidad derivaría de la participación del Senado y hasta del país u organización de destino y la suma de las voluntades de todos esos órganos o entes.

---

22   Esa participación la exige el artículo 150, ordinal 7.º de la Constitución de la República.

23   Contraloría General de la República, Dictamen N.º DGSJ-1-039 (Dirección General de los Servicios Jurídicos, Dirección de Asesoría Jurídica) de 27.6.1994, pp. 13-14 (consultado en original).

24   En sentido contrario, la Oficina de Investigación y Asesoría Jurídica del Congreso sostuvo que: "Resulta razonable deducir que un Embajador que es transferido de un destino a otro no está entrando en el "ejercicio de sus funciones" debido a que continúa en ellas y

Por su parte, para la Procuraduría General de la República es necesario "analizar la finalidad y relevancia jurídica del juramento conjuntamente con el carácter complejo del acto de nombramiento de los Embajadores"[25]. En idéntico sentido a la Contraloría, sostuvo que dicho nombramiento sería un acto complejo por requerir una concurrencia de voluntades: la del Ejecutivo, la del Senado y la del país u organización a donde la persona se dirigirá. Ha señalado al efecto que:

> "(...) el nombramiento que hace el Presidente de la República, de conformidad con lo previsto en el artículo 190, de la Constitución por mandato del artículo 150, ordinal 7.º ejusdem, requiere la autorización previa del Senado, para cuya formulación solicitará el informe favorable de la Comisión Permanente de Política Exterior. (...). Es decir, todo nombramiento requiere el acuerdo de voluntades del Senado y del Presidente de la República, lo que califica a dicho acto como un acto complejo (...)"[26].

En este caso son válidas las observaciones hechas al estudiar el de los contratos de interés nacional y sus leyes aprobatorias, por cuanto la participación del Senado no cambia la naturaleza del acto de designación del embajador ni se funde con aquél, como mucho menos sucede con la intervención del país u organización de destino. Además, no hay unidad de contenido ni de fin en las correspondientes intervenciones, por las mismas razones mencionadas en aquella oportunidad.

---

simplemente cambió su localización al ser acreditado ante otro Estado. Entonces, dado que ya había prestado "juramento de sostener y defender la Constitución y las Leyes de la República y de cumplir fiel y exactamente los deberes de su empleo", no necesita volver a juramentarse, pues no ha cambiado de 'empleo', dado que función sigue siendo sustancialmente la misma y su promesa se mantiene igual" (dictamen del 12.5.1994, N.º OIAJ- 940512-113, pp. 9 y 10. Consultado en original).

25   Dictamen N.º DGSA-139981 del 14.10.1994, ya citado. Se afirmó en él que la necesidad de una nueva autorización y nuevo nombramiento exigen también la de otro juramento, previo a la toma de posesión en un país distinto.

26   Ver p. 15 del dictamen del 14.10.1994. Agrega que "el carácter complejo de esta designación se acentúa con la aceptación previa que debe otorgar el país al cual será acreditado el Embajador" (p. 16).

3. *Actos complejos como preparatorios de la conclusión de contratos de la administración:*

En los últimos dictámenes que citaremos encontramos la calificación como complejos por la vinculación que tienen ciertos actos en el proceso de conclusión de contratos celebrados por la Administración. En esta sección reseñaremos dos casos: el de los procesos de formación de la voluntad administrativa contractual y el del proceso licitatorio para la adjudicación de contratantes.

3.1. *Actos complejos como suma de actos dirigidos a la formación de la voluntad administrativa contractual:*

En varios dictámenes de la Procuraduría General de la República, copiando textualmente la afirmación que en ese sentido realiza *Brewer-Carías* y que ya vimos, se ha sostenido que "el proceso de formación de la voluntad administrativa en la celebración de los contratos administrativos comprende la realización de una serie de formalidades previas y posteriores al acto de conclusión del contrato que configuran actos complejos"[27]. En particular, en esos dictámenes se pretendía determinar las consecuencias que se producirían por la falta de aprobación de la Contraloría General de la República a los contratos que proyecte celebrar el Ejecutivo y el derecho que puede tener un particular que suscribió un convenio que no contaba con tal aprobación[28].

Según entendemos, al igual que lo hicimos al comentar la frase del autor de quien se tomó, los diferentes actos complejos que se mencionan serían las referidas "formalidades previas y posteriores

---

27   Ver: *DPGR 1981*, p. 56 y *DPGR 1989*, p. 129.

28   El valor de la aprobación de la Contraloría General de la República ha producido una cuantiosa doctrina administrativa, tanto en dictámenes del mismo órgano contralor como de la Procuraduría General de la República. Los criterios al respecto —si tiene incidencia sobre la validez del contrato o solo sobre su eficacia— han variado a partir de unas iniciales posiciones encontradas. Debe recordarse que solo el Presidente de la República, los ministros, en representación de aquél, o un tercero autorizado al efecto, pueden obligar a la República en una operación contractual. Sin embargo, entre muchos requisitos se exige que el órgano competente cuente con el visto bueno de la Contraloría, por lo que se ha entendido que la exigencia de aprobación no puede ser irrelevante para la validez del contrato, el cual no se perfeccionaría hasta cumplir tal requisito al no existir la manifestación válida de la voluntad administrativa. Sin embargo, si un particular entregase al Estado unos bienes confiado en que se había cumplido con el procedimiento de adquisición y, no obstante, no existiera la aprobación de la Contraloría, persistiría la obligación de pago, pero no en virtud del contrato sino de la figura de enriquecimiento sin causa. Igual sucedería con otras formas de control, como el que ejerce el Congreso por medio de autorización. Basado en una concepción distinta, se ha sostenido que a pesar de ser un contrato válidamente celebrado, la falta de aprobación le haría perder su eficacia. La aprobación se ve, entonces, o como un requisito de validez o como uno de eficacia.

al acto de conclusión del contrato" que existen a los fines "de la formación de la voluntad administrativa". Ahora bien, idénticas consideraciones a las efectuadas en su oportunidad pueden hacerse sobre estos dictámenes de la Procuraduría General de la República, por lo que basta remitimos al capítulo correspondiente[29]. No dudamos de la complejidad de los procesos de formación de la voluntad administrativa, pero es irrelevante recurrir a la tesis del acto complejo para determinar el valor que puedan tener los actos de control o de preparación del contrato.

3.2. *ACTOS COMPLEJOS COMO UNA CONJUNCIÓN DE ACTOS PARA LA ADJUDICACIÓN DE CONTRATOS DE LA ADMINISTRACIÓN (ACTOS DENTRO DE PROCESOS LICITATORIOS):*

Entre los dictámenes de la Procuraduría General de la República encontramos uno en el que se deja entrever —sin afirmarlo expresamente— que la licitación puede ser considerada como un acto complejo. En efecto, al ser analizado el aspecto de la naturaleza de la licitación, a fin de ser calificada como un contrato o un acto administrativo, ese órgano, tras exponer la opinión de conocidos autores, recoge la siguiente, perteneciente a Alcides *Greca*[30]:

"La licitación (...) es un acto-condición previo, integrado de un acto administrativo complejo que se resuelve casi siempre en un contrato administrativo, siendo su finalidad establecer un riguroso contralor en la disposición de los bienes del Estado, un trato igual para los particulares que comercian con la administración Pública y una eficaz defensa de los intereses públicos"[31].

Vemos aquí varias figuras jurídicas mezcladas: licitación, acto-condición, acto administrativo complejo, contrato administrativo. Ahora, la doctrina es prácticamente conteste al afirmar que la licitación es un procedimiento administrativo, —que está compuesto por varios actos e incluso hechos[32].

---

29   Ver supra (III.3).

30   El dictamen cita la opinión publicada en la obra La Licitación y el Privilegio en los Contratos Administrativos, pp. 16-19.

31   Dictamen de la Dirección de Asesoría del Estado de fecha 20.2.1974, publicado en: DPGR *1975*, Caracas, 1976, p. 81. Las mismas consideraciones sirvieron de fundamento a otra opinión, contenida en el dictamen de la Dirección de Asesoría y del Contencioso-Administrativo de fecha 20.7.1984 y publicada en la *DPGR 1984*, Caracas, 1984, p. 90.

32   Por ejemplo, SAYAGUES LASO define a la licitación como "un procedimiento relativo a la forma de celebración de ciertos contratos, cuya finalidad es determinar la persona que

Es un procedimiento que conduce a un acto final: la selección de un contratista, a través del otorgamiento de la correspondiente buena pro, o —en caso de resultar así— la necesidad de repetir el proceso o proceder por otra vía, por haber sido declarado desierto. Cada acto del mismo tiene un fin distinto al del conjunto: los actos previos se dirigen a crear el acto final y el procedimiento todo tiende a la celebración de un contrato[33].

Hemos señalado con reiteración las diferencias que creemos que existen entre acto y procedimiento y el que nada aporta al estudio del acto complejo el que derive de aquél[34]. El acto de adjudicación puede

---

ofrece condiciones más ventajosas; consiste en una invitación a los interesados para que, sujetándose a las bases preparadas (pliego de condiciones), formulen propuestas, de las cuales la administración selecciona y acepta la más ventajosa (adjudicación), con lo cual el contrato queda perfeccionado" (ob. cit, T. I, p. 555). También José Roberto DROMI alude al carácter procedimental de la licitación (*La Licitación Pública*, Ed. Astrea De Alfredo y Ricardo Depalma, Buenos Aires, 1985, pp. 122-123). Sobre la inclusión de actos y hechos en una licitación, ver: DROMI, *ob. cit*, pp. 72-73.

33 Como señala Celso BANDEIRA DE MELO, la licitación "es un procedimiento administrativo, es decir, una sucesión continua y encadenada de actos sucesivos, cada uno de los cuales tiene finalidad específica y todos tienden a un resultado final en función del cual se entroncan y armonizan". Así, sin perjuicio "del significado y finalidad inherentes a cada uno de los actos, todos participan del objetivo común que es el de desembocar en el acto final del procedimiento: la selección de la propuesta adecuada o —frustrada la finalidad— la conclusión de que ninguna de las mismas es satisfactoria o de que no tienen condiciones jurídicas para ser asentadas". En este sentido, cada acto del procedimiento "tiene una función específica, la cual solo explica lógicamente a la luz de su función dentro del contexto, que es la de condicionar y proporcionar la irrupción del y de los actos subsecuentes, hasta que pueda surgir el acto final en vista del cual están preordenados todos los anteriores". Para BANDEIRA, no "debe confundirse las finalidades de los actos del procedimiento —específicas y genéricas— con la finalidad del procedimiento en sí. La finalidad genérica de los actos internos del procedimiento es la generación del acto final: la determinación de una propuesta satisfactoria, salvo que existan vicios jurídicos o inconvenientes en las propuestas en general. La finalidad del procedimiento concebido como unidad es la realización de un contrato". En fin, escribe que en la licitación "los actos procesales tienden a crear un último acto unilateral, que se incluye dentro del propio procedimiento. En forma diferente, como un todo, tiende a proporcionar la creación de un acto bilateral, externo al procedimiento, si bien condicionado por este: el contrato" (ver: "El llamado a concurso en las licitaciones", en: *El Derecho Administrativo en América Latina*, Colegio Mayor de Nuestra Señora del Rosario, Bogotá, 1978, pp. 169-184).

34 Insiste DROMI en que la licitación "no es un acto, como erróneamente lo entiende parte de la doctrina, sino un conjunto de actos", así como tampoco es el contrato pues este surge del procedimiento (*ob. cit*, pp. 122-123). Entre los autores que conciben a la licitación como un acto, DROMI cita a FERNÁNDEZ DE VELASCO (Los *Contratos Administrativos*, Madrid, 1927, p. 107), DELGADO y MARTIN (*Contratos Administrativos*, 2.º ed., Madrid, 1899, p. 54) y GRECA (*La licitación y el privilegio...*, cit, p. 19 y "El régimen de la licitación en contratos administrativos", en: *Revista de Derecho y Administración Municipal*, 1940, p. 563), Para DROMI, la "determinación de la naturaleza jurídica de la licitación no constituye un problema bizantino de la ciencia jurídica, pues decir que la licitación es un acto, o un contrato, o un procedimiento, importa al mismo tiempo una diversidad de consecuencias jurídicas, en especial en cuanto a la impugnabilidad de la actividad administrativa pre-

ser simple como puede ser complejo, dependiendo del cumplimiento de los requisitos que en este trabajo hemos enumerado, pero no derivado del proceso seguido[35]. En todo caso, la complejidad estaría en el acto de adjudicación y no en el proceso como tal.

---

contractual, la legitimación para cuestionar en sede administrativa y judicial esa actividad, y los diversos remedios procesales de protección jurídica que los oferentes tienen a su disposición" (*ob. cit*, p. 129).

35   SAYAGUES LASO hace mención al carácter simple o complejo del acto de adjudicación dependiendo del número de órganos intervinientes, aunque —recordemos su posición— admite que la complejidad puede derivar de la necesidad de que el acto deba ser aprobado por otro órgano "pues hasta que este no se pronuncia", aquél no se encontraría perfeccionado (*ob. cit*, T. I, p. 555, nota 4). Por el contrario, DROMI afirma que la adjudicación provisional —aquélla que requiere aprobación— no "es parte de un acto complejo", sino "un acto de trámite o simple acto de la Administración, que necesita de la aprobación para producir efectos jurídicos" (*ob. cit*, p. 386). Para DROMI la adjudicación definitiva será compleja solo en la medida que sea "resultado de la colaboración de dos o más órganos cuya voluntad concurrente es exigida por la norma positiva para declarar y aceptar la oferta" (*ob. cit*, p. 391).

CONCLUSIONES

Hemos expuesto y sistematizado en el curso del presente trabajo las principales opiniones sostenidas sobre el tema de los actos administrativos complejos, haciendo una especial referencia a la doctrina y jurisprudencia venezolanas, ya que observábamos desde el principio cierta inconsistencia en la utilización de la expresión y una peligrosa variabilidad de su alcance, quizás más allá de la que las disquisiciones teóricas habían creado. Podemos ahora concluir con las siguientes afirmaciones:

1. El acto complejo deriva de la clasificación de los actos administrativos según el número de órganos del que emanan. De acuerdo con este criterio, existen actos monorgánicos (a los que llamamos simples) o pluriorgánicos (a los que denominamos compuestos). En el segundo caso, la reunión de órganos puede obedecer a diversos motivos, por lo que habrá actos pluriorgánicos de distinta naturaleza: colectivos y complejos.

2. Las características fundamentales que consideramos necesarias para entender que estamos en presencia de un acto administrativo complejo son las siguientes: que se trate de un único acto, dictado simultáneamente por varios órganos y con idénticos contenido y fin. Tal coincidencia se produce cuando los emisores comparten el ejercicio de una competencia, por lo que deben actuar a la vez para producir un mismo efecto. Ahora bien, para diferenciarlo de otras figuras hicimos algunas acotaciones que en este momento resumimos:

    El acto compuesto es sencillamente el que tiene más de un emisor, sin calificativos adicionales. Solo tiene importancia para su determinación la existencia de varios órganos que expresan sus voluntades y que se reúnen para el ejercicio de la competencia que a cada uno corresponde, que a veces puede ser compartida y en otras no. El acto complejo es una de sus especies: aquél en el que simultáneamente participan dos o más órganos que se proponen la obtención de idénticos efectos y están guiados por una misma finalidad. El acto colectivo es la otra especie, pero en él no existe la identidad de contenido y de fin que se presenta en los complejos.

Al ser actos compuestos es evidente la distinción entre los complejos y los colegiales, pues estos últimos emanan de un solo órgano y por ello son simples. No obstante, observamos la existencia de posiciones diversas en este aspecto, que se fundamentan principalmente en el carácter pluripersonal de los colegios. Anotamos, sin embargo, cómo en nuestro criterio dicha pluralidad únicamente es relevante en la medida que sirve para fijar las reglas de su integración y funcionamiento, así como de la discusión y decisión en los asuntos que les competen, pero que una vez que el acto es dictado —porque la voluntad del órgano se formó según las normas correspondientes— ya aparece como una declaración única y no como varias voluntades reunidas.

Hicimos breve mención al caso de los contratos entre entes estatales de carácter público, para afirmar que son nociones enteramente distintas, toda vez que el acto complejo es una actuación de tipo unilateral, mientras que el contrato es bilateral. Al ser bilateral, además, presenta un obstáculo a su consideración como acto complejo, porque la participación de cada contratante persigue diverso objeto.

Por último, el acto complejo lo diferenciamos de los procedimientos administrativos, por cuanto estos últimos son una cadena de actos y el primero es una actuación única, que puede derivar o no de un proceso de formación. Son constantes las confusiones entre ambas figuras, según pudimos observar, y renombrados autores se pronuncian a favor de una vinculación entre ellas. Nosotros en su oportunidad pretendimos basar la distinción en la afirmación de que la noción del acto complejo tiene un sentido material o sustantivo, mientras que la del procedimiento es meramente formal.

3. La doctrina venezolana ha trabajado muy poco la figura del acto complejo, a excepción de algunos comentarios de *Andueza, Brewer-Carías, De Stefano, Lares Martínez, Moles Caubet, Pérez Luciani, Rondón de Sansó y Tinoco Richter,* además de menciones breves de *Araujo Juárez, Iribarren, Rachadell* y *Sosa Gómez.* Clasificamos las ideas de los ocho primeros autores en cuatro grupos, dependiendo del criterio que creímos que se desprendía de sus afirmaciones. No obstante, advertimos que solo podía tener esa clasificación un sentido aproximado pues, salvo contadas excepciones, sus referencias eran incidentales, formuladas con ocasión de determinados casos que constituían el objeto específico de sus escritos. En tal virtud, algunos de ellos podrían concebir actos complejos distintos a los que nosotros citamos, que permitiesen desprender la utilización de criterios de calificación diferentes.

Una vez efectuada la correspondiente aclaratoria, notamos que *Lares Martínez* y *Tinoco Richter* conciben a los actos complejos como opuestos totalmente a los simples, mientras que *De Stefano, Moles Caubet, Pérez Luciani* y *Rondón de Sansó* los ubican como una sub-especie de actos pluriorgánicos, tal como lo hicimos nosotros. *Lares* limita la noción de acto complejo a los dictados por varios órganos con unidad de contenido y fin, pero no menciona la denominación que tendrían los que emanen también de distintos órganos, pero en los que no exista tal identidad. Por el contrario, señala que los actos administrativos se dividen, según el número de sus autores, en simples y complejos, con lo que evidentemente existe en sus comentarios un vacío, pues falta una clase de actos pluriorgánicos. *Tinoco Richter sí* emplea los términos actos simple, complejo y colectivo (que es el nombre que para él reciben los colegiales), pero tanto el primero como el último son monorgánicos y solo el segundo sería dictado por varios órganos. Notamos además en *Tinoco* cierta asimilación entre la complejidad de un acto y el procedimiento de formación.

Las afirmaciones de *De Stefano* se acercan más a las que nosotros formulamos en los dos primeros capítulos del trabajo. Concibe actos simples y compuestos, divididos los últimos en colectivos y complejos, según la fusión de voluntades que se produzca en cada caso. Solo anotamos que califica como simples a actos dictados por un solo órgano pero también por un solo ente de la Administración Pública. Esto último nos pareció incorrecto porque la mayoría de los actos pluriorgánicos emanan en definitiva de un ente que es al que se imputan jurídicamente las diversas actuaciones. *Moles Caubet* califica al acto complejo como el dictado por varios órganos simultáneamente, los cuales pueden estar en una posición de superioridad o de igualdad. Como ejemplo menciona a los decretos presidenciales dictados en Consejo de Ministros. *Pérez Luciani* no indica cuantas clases de actos pluriorgánicos existen pero es claro al sostener que los complejos son solo uno de ellos y que no debe recurrirse al término para identificar cualquier actuación en la que tengan interés varios órganos. Hace mención además a los actos compuestos, aunque le da un alcance totalmente distinto al concedido por nosotros y que se acerca más bien a los que denominamos actos desiguales. Por último, *Rondón de Sansó* también cree que el acto complejo es una especie del compuesto, aunque no llega a definirlo.

Ubicamos en un tercer sector doctrinal a *Brewer-Carías* quien detecta actos complejos entre los que sirven para formar la voluntad de la Administración en materia contractual; en un cuarto a *Andueza,* para quien la complejidad se centra en la reunión de actos de naturaleza distinta —como un contrato y su ley aprobatoria— pero que tienen una vinculación. Todo ello —insistimos— sin perjuicio de que conciban alguna otra forma de complejidad distinta a la que mencionan en las notas de las que extrajimos sus comentarios. Sobre *Brewer-Carías* advertimos que nos parecía incorrecto calificar necesariamente como complejos a los actos de preparación de contratos y sobre *Andueza* mencionamos que no compartimos la concepción de la complejidad del conjunto de dos actos distintos.

4. La jurisprudencia venezolana, en repetidas ocasiones, ha calificado determinados actos como complejos, pero la mayoría de los casos no corresponden a la definición que hemos trabajado, presentando la mayor parte de las veces errores de conceptualización, confundiéndose principalmente la figura con la de los procedimientos administrativos.

Basándose en la existencia de varios órganos estatales que actúan en relación con convenciones celebradas con particulares, fueron calificados como complejos los contratos de interés público y su ley aprobatoria y los contratos de ventas de ejidos. En el primer caso notamos que se entendió la complejidad de un conjunto de actos de diferente naturaleza —como lo hacía *Andueza*— y destacamos varias diferencias entre el criterio sustentado y la definición que nosotros incluimos en este trabajo: eran dos actos, participaban órganos en ejercicio de funciones distintas, y en uno de los actos intervenía un particular, todo lo cual hacía perder la unidad de contenido y de fin. En el segundo hicimos consideraciones similares.

Los convenios cambiarios también fueron calificados como complejos, aunque sin especificar la razón. Sostuvimos que compartimos la calificación, puesto que observamos la presencia de los elementos de un acto complejo, al no ser reales contratos y sí reglamentaciones dictadas por dos personas —República y Banco Central de Venezuela— para reglar una misma materia. Se trataría, en concreto, de actos complejos externos.

Guiada por una idea procedimental, la jurisprudencia ha pretendido ver actos complejos en aquéllos que integran los concursos para acceder a la carrera judicial, en los de designación de jueces y los de imposición de multas, así como en los procesos de formación de la voluntad administrativa contractual y en los de elecciones para autoridades en colegios profesionales. En cada uno de ellos hicimos las correspondientes observaciones, concluyendo que en ninguno existía realmente un acto complejo, pues se trataba tan solo de procedimientos administrativos, compuestos obviamente por una serie de actos.

Como una cuarta concepción, encontramos que tanto el Tribunal de la Carrera Administrativa como la Corte Primera de lo Contencioso-Administrativo concibieron a los actos de retiro de funcionarios públicos como complejos por requerir la existencia de ciertos presupuestos de actuación. Dichos tribunales se basaron en la idea procedimental para realizar sus calificaciones, pero notamos como realmente en el fondo se trataba de la necesidad de que para retirar debe previamente haberse removido a la persona y realizado unas gestiones reubicatorias. Destacamos que ello no formaba parte de un procedimiento de retiro y por eso preferimos ubicar el ejemplo en categoría aparte: la necesidad de actos-presupuesto. De todas maneras, estimamos equivocada la calificación, lo que no impide —obviamente— que haya actos de retiro que sean complejos, pero no será por el motivo que inspiró los fallos reseñados, al igual que puede haber actos de imposición de multas o de designación de jueces que lo sean, pero tampoco por las razones en que la jurisprudencia se fundamentó para sus afirmaciones.

Nuestra jurisprudencia, en dos supuestos, ha empleado la figura de acto complejo en forma peculiar. Encontramos en la revisión efectuada los casos de los actos de registro de la deuda privada externa y de las ordenanzas municipales de zonificación. En el primero los estimó como complejos por tener, a pesar de ser únicos en su exteriorización, un contenido doble. Sostuvimos, no obstante, que en realidad no existía ese doble efecto y destacamos que emanaban de un solo órgano. En el segundo se partió de la consideración de que esas ordenanzas eran tanto normativas como concretas. Anotamos la originalidad de tales concepciones y observamos, asimismo, el evidente interés práctico que despertaba la última a los efectos de la Ley Orgánica de la Corte Suprema de Justicia. Sin embargo, advertimos la inseguridad que implicaba el manejo tan variable de una figura que contrariamente ha sido en doctrina restringida en su alcance.

5. Por su parte, en la doctrina administrativa encontramos varios ejemplos de actos complejos, también en atención a diversos criterios:

Con base en la participación simultánea de varios órganos o personas, en dictamen de la Consultoría Jurídica del Ministerio de Justicia hallamos el ejemplo típico de un acto administrativo complejo: el de los decretos del Presidente de la República en Consejo de Ministros. Con fundamento en el mismo criterio, encontramos el juramento que deben prestar los funcionarios públicos como actuación previa a la toma de posesión del cargo para el que han sido nombrados. En el primer caso compartimos la calificación, porque se trata de materias de competencia presidencial pero que deben ejercerse en concurso con los ministros. En el segundo, al contrario, nos pareció totalmente desacertada la asimilación porque el juramento no reúne ninguna de las características del acto complejo, al no ser ni siquiera una actuación estatal, sino simplemente una declaración de una persona para sostener que cumpliría eficientemente un cargo público para el cual se le designó.

En otros casos, se ha entendido como actos complejos a la suma de actos en los que unos sirven para que otros produzcan sus efectos. Es el supuesto de los nombramientos de funcionarios públicos, por requerir juramento. Igualmente, es el de los nombramientos para los que se necesita autorización o aprobación de otros órganos y, en concreto, el de embajadores, por exigirse la participación del Senado e incluso porque el país u organización de destino deben pronunciarse al respecto. No obstante, vimos como en nuestro criterio ninguno lo era. Por último, los actos formativos de la voluntad administrativa contractual y los procesos licitatorios destinados a seleccionar a los contratantes del Estado fueron entendidos como complejos. En ambos ejemplos nos pareció incorrecta la calificación al entender que lo que realmente existe es una secuencia de actuaciones destinadas a integrar una voluntad que obligue al Estado a elegir al particular con quien contratará.

6. A pesar de las abundantes imprecisiones enumeradas, creemos que la noción de acto administrativo complejo es útil y no son pocas las consecuencias prácticas que se derivan de la misma, referidas principalmente a la validez del acto en aspectos relativos a la voluntad para producirlo. La confusión es más bien de indiscriminado y exagerado uso, por cuanto observamos que se ha recurrido a la expresión para explicar determinados casos en forma enteramente distinta a la sostenida por la doctrina, incurriéndose a veces en graves fallas conceptuales como las que señalamos a lo largo de este trabajo. No es, pues, cuestión de desterrar la utilización de una denominación, sino de delimitar con precisión el alcance de la noción que identifica y recurrir a ella solo para lo que corresponda y cuando sea necesario, ya que vimos como en la mayoría de las ocasiones —no todas obviamente— en que en nuestro país se aludió a la complejidad del acto —o proceso— que se analizaba, ello era totalmente intranscendente para la solución del problema planteado.

BIBLIOGRAFÍA

I. AUTORES NACIONALES:

Andueza, José Guillermo

"Actos recurribles por inconstitucionalidad en la Ley Orgánica de la Corte Suprema de Justicia", en: *El control jurisdiccional de los poderes públicos en Venezuela,* Universidad Central de Venezuela, Caracas, 1979, pp. 51 a 63.

"El control de la constitucionalidad y el contencioso administrativo", en: *Contencioso Administrativo en Venezuela,* 2.º ed., Editorial Jurídica Venezolana, Caracas, 1989, pp. 63 a 83.

"La jurisdicción constitucional", en: *El Nuevo Derecho Constitucional Venezolano,* Ponencias del 1er. Congreso Venezolano de Derecho Constitucional, Universidad del Zulia, Maracaibo, 1991, pp. 307 a 339.

La Jurisdicción Constitucional en el Derecho Venezolano, 2.º ed., Universidad Central de Venezuela, Caracas, 1974.

Araujo Juárez, José

Principios Generales del Derecho Administrativo Formal, Vadell Hermanos Editores, Valencia (Venezuela), 1989.

Brewer-Carias, Allan

Contratos Administrativos, Editorial Jurídica Venezolana, Caracas, 1992.

Derecho Administrativo, Tomo I, Universidad Central de Venezuela, Caracas, 1975.

El Derecho Administrativo y la Ley Orgánica de Procedimientos Administrativos, Editorial Jurídica Venezolana, Caracas, 1990,

"El problema de la definición del acto administrativo", en: *Libro Homenaje al Doctor Eloy Lares Martínez,* Tomo I, Universidad Central de Venezuela, Caracas, 1984, pp. 25 a 78.

"La formación de la voluntad de la Administración Pública Nacional en los contratos administrativos", en: *Revista de la*

Facultad de Derecho, N.º 28, Universidad Central de Venezuela, Caracas, 1964, pp. 61 a 112 y en: *Jurisprudencia de la Corte Suprema 1930-74 y Estudios de Derecho Administrativo*, Tomo III, Vol., 2, Universidad Central de Venezuela, 1977, pp. 443 a 498.

"La Ley Orgánica de Procedimientos Administrativos y el contencioso administrativo", en: *Archivo de Derecho Público y Ciencias de la Administración*, Vol. IV, *El Procedimiento Administrativo*, Universidad Central de Venezuela, Caracas, 1983, pp. 179 a 254.

Las Instituciones Fundamentales del Derecho Administrativo y la Jurisprudencia Venezolana, Universidad Central de Venezuela, Caracas, 1964.

"Los contratos administrativos en la jurisprudencia administrativa venezolana", en: *Revista de la Facultad de Derecho*, N.º 26, Universidad Central de Venezuela, Caracas, 1964, pp. 127 a 154.

"Los contratos de la Administración en la doctrina administrativa de la Consultoría Jurídica, en: *Revista del Ministerio de Justicia*, N.º 48, Ministerio de Justicia, Caracas, 1964, pp. 27 a 75.

"Los contratos de la Administración en la doctrina de la Procuraduría General de la República", en: *Revista de la Facultad de Derecho*, N.º 30 (1964, pp. 173 a 232) y 31 (1965, pp. 269 a 299), Universidad Central de Venezuela, Caracas.

Nuevas tendencias del contencioso-administrativo, Editorial Jurídica Venezolana, Caracas, 1993.

Principios del régimen jurídico de la organización administrativa venezolana, 2.º ed., Editorial Jurídica Venezolana, Caracas, 1991.

DE STEFANO, Juan

Los Actos Administrativos, inédito.

FARIAS MATA,

"El procedimiento administrativo en Venezuela", en: *Archivo de Derecho Público y Ciencias de la Administración*, Volumen VII, *Derecho Público en Venezuela y Colombia*, Universidad Central de Venezuela, Caracas, 1986, pp. 277 a 295.

"La doctrina de los actos excluidos en la jurisprudencia del Supremo Tribunal", en: *Archivo de Derecho Público y Ciencias de la Administración*, Volumen I, Universidad Central de Venezuela, Caracas, 1968-1969, pp. 325 a 340.

"Procedimiento para la fijación de cánones de arrendamiento en el derecho venezolano", en: *Studia Jurídica*, N.º 3, Universidad Central de Venezuela, Caracas, 1973.

Iribarren Monteverde, Henrique

"Notas sobre algunos problemas Jurídicos derivados de la adopción del decreto N.º 76 y del convenio cambiario N.º 1, en: *Revista de La Facultad de Derecho*, N.º 43, Universidad Católica Andrés Bello, Caracas, 1991, pp. 253 a 275.

Lares Martínez, Eloy

Manual de Derecho Administrativo, 7.º ed., Universidad Central de Venezuela, Caracas, 1988.

Moles Caubet,

Prólogo a la *obra Derecho Administrativo Formal* (de José Araujo Juárez), Editorial Vadell Hermanos, Valencia (Venezuela), 1989.

Pérez Luciani, Gonzalo

"El control de la constitucionalidad de leyes aprobatorias de tratados internacionales", en: *Revista de la Facultad de Derecho*, N.º 4, Universidad Católica Andrés Bello, Caracas, 1968-1969, pp. 293 a 335.

"El control de la constitucionalidad de leyes no normativas, aprobatorias de contratos", en: *Revista de la Facultad de Derecho*, N.º 2, Universidad Católica Andrés Bello, Caracas, 1966, pp. 207 a 230.

"El sistema contencioso administrativo y el procedimiento administrativo", en: *Contencioso Administrativo en Venezuela*, 2.º ed, Editorial Jurídica Venezolana, Caracas, 1988, pp. 35 a 61.

"La intervención administrativa de los bancos o institutos de crédito", en: *Revista de Derecho Público*, N.º 18, Editorial Jurídica Venezolana, Caracas, 1982, pp. 39 a 56.

"Los decretos ejecutivos sobre salarios mínimos y aumentos salariales", en: *Revista del Colegio de Abogadas del Distrito Federal*, N 149 (N.º 2 de la 3.º etapa), Caracas, 1991, pp. 231 a 290.

Quintana Matos, Armida

La Carrera Administrativa, Editorial Jurídica Venezolana, Caracas, 1980.

Rachadell, Manuel

"Comentarios a la sentencia declarativa de nulidad parcial de las pautas reglamentarias sobre el escalafón del personal docente y de investigación de las universidades nacionales, en: *Revista de Derecho Público*, N.º 1, Editorial Jurídica Venezolana, Caracas, 1980, pp. 177 a 181.

"Los convenios para la descentralización, en: *Régimen jurídico de los contratos administrativos*, Fundación Procuraduría General de la República, Caracas, 1991, pp. 113 a 129.

Rodríguez García, Armando

"Nuevas perspectivas en la planificación territorial", en: *Archivo de Derecho Público y Ciencias de la Administración*, Vol. V, *Derecho Urbanístico*, Universidad Central de Venezuela, Caracas, pp. 263 a 331.

Rondón de Sanso, Hildegard

"Introducción al estudio del acto administrativo", en: *Libro Homenaje a la memoria de Roberto Goldschmidt*, Universidad Central de Venezuela, Caracas, 1967.

Procedimiento Administrativo, 2.º ed., Editorial Jurídica Venezolana, Caracas, 1983.

Teoría General de la Actividad Administrativa (Organización. Actos internos), Universidad Central de Venezuela-Editorial Jurídica Venezolana, Caracas, 1981.

Rosito Arbia, Giuseppe

"La teoría de los actos separables en el Derecho Administrativo venezolano", en: *Revista de la Facultad de Ciencias Jurídicas y Políticas*, N.º 93, Universidad Central de Venezuela, Caracas, 1994, pp. 135 a 170.

Sosa Gómez, Cecilia

"Los contratos entre personas jurídico-públicas. Base conceptual. Naturaleza jurídica de los actos inter-órganos de la Administración. Algunos ejemplos de relaciones inter-órganos", en: *Régimen jurídico de los contratos administrativos*, Fundación

Procuraduría General de la República, Caracas, 1991, pp. 99 a 112.

Tinoco Richter, César

Nociones de Derecho Administrativo y Administración Pública, 2.º ed., Editorial Yocoima, México D.F, México, 1979.

Teoría de la Administración y del Derecho Administrativo, Universidad Central de Venezuela, Caracas, 1970.

Tovar Tamayo, Orlando

"El Consejo de Ministros en Venezuela", en: *El Derecho Venezolano en 1982*, Universidad Central de Venezuela, Caracas, 1982, pp. 487 a 509.

II. AUTORES EXTRANJEROS:

Alvarez-Gendin, Sabino

Tratado General del Derecho Administrativo, Tomo I, Bosch Casa Editorial, Barcelona, 1958.

Bandeira de Melo, Celso

Antonio, "El llamado a concurso en las licitaciones", en: *El Derecho Administrativo en América Latina*, Colegio Mayor de Nuestra Señora del Rosario, Bogotá, 1978, pp. 169 a 184.

Bielsa, Rafael

Derecho Administrativo, Tomo II, 6.º ed., La Ley Sociedad Anónima Editora e Impresora, Buenos Aires, 1980.

Boquera Oliver, José María

Estudios sobre el acto administrativo, 7.º ed., Editorial Civitas, Madrid, 1993.

Borja y Borja, Ramiro

Teoría General del Derecho Administrativo, Ediciones Depalma, Buenos Aires, 1985.

Borsi, Umberto

Studi di Diritto Pubblico, Vol. Primero, Cedam, Casa Editrice Dott. Antonio Milani, Padua, 1976.

Briseño Sierra, Humberto

El Proceso Administrativo en Iberoamérica, Instituto de Investigaciones Jurídicas, Universidad Nacional Autónoma de México D.F., México, 1968.

Diez, Manuel María

Derecho Administrativo, Tomo II, Bibliográfica Omeba, Buenos Aires, 1965.

Dromi, José Roberto

La Licitación Pública, Editorial Astrea, de Alfredo y Ricardo Depalma, Buenos Aires, 1985.

Entrena Cuesta, Rafael

Curso de Derecho Administrativo, 5.º ed., Editorial Tecnos, Madrid, 1976.

"El acto administrativo complejo en la esfera local", en: *Revista de Estudios de la Vida Local*, N.º 95, Instituto de Estudios de la Administración Local, Madrid, 1957, pp. 656 a 676.

Escobar, Concepción

El recurso por omisión ante el Tribunal de Justicia de las Comunidades Europeas, Editorial Civitas, Madrid, 1993.

Escola, Héctor Jorge

Compendio de Derecho Administrativo, Volumen I, Ediciones Depalma, Buenos Aires, 1990.

Fraga, Gabino

Derecho Administrativo; 30.º ed., Editorial Porrúa, México D.F., México, 1991.

Fragola, Umberto

Gli Atti Amministrative, Unione Tipografica Editrice Torinese, Turín (Italia).

GARCÍA DE ENTERRÍA Y FERNÁNDEZ, Tomás Ramón
Curso de Derecho Administrativo, I, reimp. de la 5.º ed., Editorial Civitas, Madrid, 1991.

GARCIA-TREVIJANO FOS, José Antonio
Los Actos Administrativos, 2.º ed., Editorial Civitas, Madrid, 1986.

GARCINI GUERRA, Héctor
Derecho Administrativo, s.e., s.f.

GARRIDO FALLA, Fernando
Tratado de Derecho Administrativo, Volumen I, 7.º ed., Centro de Estudios Constitucionales, Madrid, 1980.

GASPARRI, Pietro
Corso di Diritto Amministrativo, Volumen II, Cedam, Casa Editrice Dott. Antonio Milani, Padua, 1964.
Lezioni di Diritto Amministrativo, Vol. I, Edizioni Universitarie Malfasi, s.f.

GIANNINI, Massimo Severo
"Atto Amministrativo", en: *Enciclopedia del Diritto*, edizione speciale per gli studenti. dell' Universitá di Roma, Dott. A Giuffrè, Milán, 1960.
Corso di Diritto Amministrativo, Vol. IV, Dott. A Giuffrè. Milán, 1969.
Derecho Administrativo, Volumen Primero, Ministerio para las Administraciones Públicas, Madrid, 1991.
Diritto Amministrativo, Vol. I, Milán, 1970.

GONZALEZ PÉREZ, Jesús
Comentarios a la Ley de Procedimiento Administrativo, 2.º ed., Editorial Civitas, Madrid, 1988.

JEZE, Gastón

Principios Generales del Derecho Administrativo, Tomo I *(La técnica jurídica del Derecho Público francés)*, trad. de la 3.° ed. francesa, Editorial Depalma, Buenos Aires, 1948.

Jiménez Luna, Pedro Álvaro

"Procedimiento y acto complejo en los colegios representativos (En tomo a la teoría de la colegialidad)", en: *Revista de Administración Pública*, N.° 98, Centro de Estudios Constitucionales, Madrid, 1982, pp. 107 a 140.

Marienhoff, Miguel S.

Tratado de Derecho Administrativo, 2.° ed., Tomo II, Abeledo-Perrot, Buenos Aires, 1975.

Olivera Toro, Jorge

Manual de Derecho Administrativo, 5.° ed., Editorial Porrúa, México D.F., México, 1988.

Penagos, Gustavo

"Criterios para clasificar los actos administrativos", en: *El Derecho Administrativo en Latinoamérica* II, Ediciones Rosaristas, Colegio Mayor Nuestra Señora del Rosario, Bogotá, 1986, pp. 65 a 115.

El Acto Administrativo, Tomo I, 4.° ed., Ediciones Librería del Profesional, Bogotá, 1987.

Rivero, Jean

Derecho Administrativo; trad. de la 9.° ed., Universidad Central de Venezuela, Caracas, 1984.

Rodríguez, Gustavo Humberto

Derecho Administrativo. General. Compendio, Tomo II, Ediciones Librería del Profesional, Bogotá, 1982.

Rodríguez Bereijo, Álvaro

El Presupuesto del Estado. Introducción al Derecho Presupuestario; Editorial Tecnos, Madrid, 1970.

Rodríguez R., Libardo

Derecho Administrativo General y Colombiano, 5.º ed., Editorial Temis, Bogotá, 1990.

SANDULLI, Aldo

Il Procedimento Amministrativo, Dott. A. Giuffrè, Milán, 1959.

Manuale di Diritto Amministrativo; reimp. de la 10.º ed., Casa Editrice Dott. Eugenio Jovene, Nápoles, 1971.

SANTI ROMANO

Principii di Diritto Amministraiivo Italiano, 3.º ed., Societá Editrice Libraría, Milán, 1912.

SAYAGUES LASO, Enrique

Tratado de Derecho Administrativo, Tomo I, Editorial Martín Bianchi Altuna, Montevideo, 1963.

SERRA ROJAS, Andrés

Derecho Administrativo, Tomo Primero, Editorial Porrúa, México D.F., México, 1988.

TIVARONI, Cario

Teoria degli atti amministrativi, G. Giappicheli Editore, Turín, 1939.

VIDAL PERDOMO, Jaime

Derecho Administrativo, 9.º ed., Editorial Temis, Bogotá, 1987.

YOUNES MORENO, Diego

Curso Elemental de Derecho Administrativo, 2.º ed., Editorial Temis, Bogotá, 1988.

ZANOBINI, Guido

Corso di Diritto Amministrativo, 8.º ed., Vol. Primero, Dott. A. Giuffrè, Milán, 1958.

III. COMPILACIONES DE JURISPRUDENCIA Y DICTÁMENES NACIONALES:

Ayala Corao, **Carlos**

Jurisprudencia de Urbanismo (1947-1987), Editorial Jurídica Venezolana, Caracas, 1988.

"Jurisprudencia urbanística (1947-1987)", en: *Ley Orgánica de Ordenación Urbanística*, Editorial Jurídica Venezolana, Caracas, 1989.

Brewer-Carias, **Allan**

Jurisprudencia de la Corte Suprema 1930-74 y Estudios de Derecho Administrativo, Tomos II y III (Vol. 1), Universidad Central de Venezuela, Caracas, 1975.

INSTITUTO DE ESTUDIOS JURÍDICOS DEL ESTADO LARA,

Tendencias de la jurisprudencia venezolana en materia contencioso administrativa, Trabajos de las 8ª Jomadas "Dr. J.M. Domínguez Escovar" (enero de 1983), Universidad Central de Venezuela-Corte Suprema de Justicia-Instituto de Estudios Jurídicos del Estado Lara, Caracas, 1986.

FUNDACIÓN ESTUDIOS DE DERECHO ADMINISTRATIVO (FUNEDA)

15 años de jurisprudencia (Jurisprudencia de la Corte Primera de lo Contencioso Administrativo 1977-1992). Funcionarios de libre nombramiento y remoción, Editorial Torino, Caracas, 1995.

Ramos Fernández, **Mary**

"Jurisprudencia Administrativa Constitucional (Corte Suprema de Justicia y Corte Primera de lo Contencioso Administrativo)", en: *Revista de Derecho Público*, Editorial Jurídica Venezolana, Caracas.

VENEZUELA, CONTRALORÍA GENERAL DE LA REPUBLICA (CGR)

Dictámenes de la Consultoría Jurídica de la Contraloría General de la República, Tomos I y II (1938-1963), Tomo III (1964-1968), Contraloría General de la República, Caracas, 1968.

CGR, *Dictámenes de la Consultoría Jurídica de la Contraloría General de la República*, Tomos IV y V (1969-1976), Contraloría General de la República, Caracas, 1976.

CGR, *Dictámenes de la Dirección General de los Servicios Jurídicos de la Contraloría General de la República 1986-1987*, Tomo IX, Contraloría General de la República, Caracas, 1989.

CORTE SUPREMA DE JUSTICIA
Gaceta Forense, Caracas.

MINISTERIO DE JUSTICIA,
Doctrina Administrativa, Dictámenes de la Consultoría Jurídica, 1959-1963, Caracas, 1965.

PROCURADURÍA GENERAL DE LA REPUBLICA (PGR),
Doctrina de la Procuraduría General de la República, años 1975 y 1981 a 1990, Fundación Procuraduría General de la República, Caracas.

PGR, *20 años de doctrina de la Procuraduría General de la República 1961-1981*, Procuraduría General de la República, Caracas, 1983.

Los Actos Administrativos Complejos
de ANTONIO SILVA ARANGUREN
se imprimió en la República Argentina en abril de 2021.